Wie viele Farben hat das Jahr?

Das Kirchenjahr feiern
Band 3

Feste im Sommer
Schulanfang
Erntedank
Reformation/Bibel
Friedenswoche
Ewigkeitssonntag

CIP-Titelaufnahme der Deutschen Bibliothek

Wie viele Farben hat das Jahr?: Feste im Sommer, Schulanfang, Erntedank, Reformation/Bibel, Friedenswoche, Ewigkeitssonntag / Eberhard Dieterich; Andreas Weidle (Hrsg.). – 2. Aufl., 7.–10. Tsd. – Stuttgart: Verl. Junge Gemeinde, 1989
(Das Kirchenjahr feiern; Bd. 3)
ISBN 3-7797-0308-4 Pb
ISBN 3-7797-0311-4 (Gesamtw., Bd. 2 u. 3)
NE: Dieterich, Eberhard [Hrsg.]

2. Auflage 1989
Umschlag und Typografie:
Dieter Kani, Stuttgart
Gesamtherstellung: Ebner Ulm

ISBN 3-7797-0308-4

Eberhard Dieterich
Andreas Weidle (Hrsg.)

Wie viele Farben hat das Jahr?

Familiengottesdienste,
Spiele
und Bausteine
für die Festzeiten
im Kirchenjahr…

…zum Feiern im
Gottesdienst,
Kindergottesdienst,
in Kindergruppe
und Schule

Verlag Junge Gemeinde
Stuttgart

Zu diesem Buch

Das Jahr ist so bunt wie ein Laubwald im Herbst und so farbig wie das Leben selbst. Im Kirchenjahr spiegelt sich die Buntheit des Lebens mit all seinen Licht- und Schattenseiten – und zwar im Licht des Evangeliums! Dieser Vielfalt entsprechend sind aus den zwei angekündigten Büchern aus der Reihe »Das Kirchenjahr feiern« nun drei geworden.

Diese Buntheit, auch in der »festlosen« Hälfte des Kirchenjahres zu entdecken, dazu möchte dieser dritte Band einladen.

Die Beiträge zu den einzelnen Festzeiten im Jahr sind wie beim zweiten Band untergliedert in

1. Familiengottesdienste
2. Spiele
3. Bausteine

Ein sorgfältiges Inhaltsverzeichnis und ein spezielles Verzeichnis der im Buch abgedruckten Lieder sollen das Zurechtfinden erleichtern: Mancher Beitrag hat auch sonst im Kirchenjahr seinen Ort und will dann auch gefunden werden!

In manchen Gemeindekreisen oder Gruppen kann oder will man nicht spielen, weil die Kinder zu klein und mit der sprachlichen Einübung eines Spieles überfordert sind, oder weil sich einfach niemand findet, der spielen will . . . Deshalb möchten wir an dieser Stelle nochmals an die »Weihnachtswerkstatt« im ersten Band unserer Reihe erinnern (»Komm, wir suchen Bethlehem«, Hrsg. Andreas Weidle, Verlag Junge Gemeinde, Stuttgart 1987). Hier werden ganz unterschiedliche technische und kreative Bausteine vorgestellt, die es ermöglichen, zum Beispiel aus einem Anspiel ein Lesespiel mit selbstgestalteten Dias zu machen. Aufwendige Spiele und Gottesdienste können so verändert werden. Ganz kleine Kinder können aktiv mittun – nicht nur an Weihnachten.

Herzlich danken wollen wir allen Autoren und Mitarbeitern, die mit ihren Beiträgen diesen bunten Strauß von Anregungen ermöglicht haben. Einige Beiträge waren schon einmal in der Zeitschrift »Evangelische Kinderkirche« oder im »Materialdienst« des Rheinischen Verbands für Kindergottesdienst abgedruckt. Viele werden in diesem Buch zum erstenmal veröffentlicht.

Dank gilt besonders dem Verlag Junge Gemeinde, der es gewagt hat, mit einem dritten Band das bunte Jahr in all seinen Farben erblühen zu lassen.

Wir freuen uns, wenn dieses Buch ansteckt und so viele Gottesdienste und Veranstaltungen in den Gemeinden Farbe gewinnen.

Eberhard Dieterich und *Andreas Weidle*

Abkürzungen, die in diesem Buch vorkommen:

EKG = Evangelisches Kirchengesangbuch
LfJ = Liederbuch für die Jugend

Bücher, die immer wieder genannt werden:

»Er gebe uns ein fröhlich Herz – Überlegungen, Vorschläge, Texte für die Liturgie im Kindergottesdienst«, Hrsg. Württ. Evang. Landesverband für Kindergottesdienst. Verlag Junge Gemeinde, Stuttgart.

Ergänzungsliederheft zum Evangelischen Kirchengesangbuch, Württ. Ausgabe: »Neue Lieder II«, Hrsg. Evang. Landeskirche in Württemberg. Hänssler-Verlag, Neuhausen-Stuttgart.

Inhalt

Zu diesem Buch 4

Verzeichnis der Lieder und Kanons 10

Wie viele Farben hat das Jahr? 11

Er weidet mich auf einer grünen Aue und führet mich zum frischen Wasser...

I Feste im Sommer 13

1 FAMILIENGOTTESDIENSTE (FGD)

1.1 *Gottfried Mohr*
Seht die Vögel unter dem Himmel
Ein Familiengottesdienst zu Matthäus 6, 25.31–33 14

1.2 *Gerhard Kiefer*
Das Zeichen des Fisches
Familiengottesdienst für ein Gemeindefest zum Thema »Gemeinschaft« 21

1.3 *Christof Hermann*
Sich führen lassen und eigene Schritte gehen
Ein Familiengottesdienst mit Bildern und einer Spielszene zum Buch Ruth 27

2 SPIELE (SP)

2.1 *Ulrich Glatzle*
Die Werke der Barmherzigkeit
Ein Fest mit einem Familiengottesdienst und einem Stationenlauf
zu Matthäus 25, 31–40 34

3 BAUSTEINE (BST)

3.1 *Andreas Weidle*
Was Hände können – ohne Hände handeln
Eine Spielstraße, Lieder und ein Gebet für Gemeindefeste
und andere Gelegenheiten 44

3.2 *Helga Mast*
Wo du hingehst, da will ich auch hingehen
Ein Würfelspiel zum Buch Ruth 48

3.3 *Eckhard Lange*
Lebenselement Wasser
Bausteine für einen Familiengottesdienst/Gemeindefest 50

... er führet mich auf rechter Straße ...

II Schulanfang 55

1 FAMILIENGOTTESDIENSTE (FGD)

1.1 *Rainer Ollesch*
Jeder ist Gott wichtig
Ein Familiengottesdienst mit einer Erzählung zum Mitmachen
zu Markus 10, 13–16 56

1.2 *Rainer Ollesch*
Sebastians erster Schultag
Bericht von einem ökumenischen Gottesdienst am ersten Schultag 61

3 BAUSTEINE (BST)

3.1 Lieder zum Schulanfang 64

... du bereitest vor mir einen Tisch ...

III Erntedank 65

1 FAMILIENGOTTESDIENSTE (FGD)

1.1 *Gottfried Mohr*
Hätt' ich mehr vertraut, hätt' ich mir mehr zugetraut
Ein Familiengottesdienst mit einem Spiel zu Matthäus 25, 14–29 66

1.2 *Klaus Stolzmann*
Reich sein in Gott
Ein Familiengottesdienst mit einer Spielmotette zu Lukas 12, 13–21
und einer Erzählpantomime zum Märchen »Vom Fischer und seiner Frau« 71

1.3 *Eberhard Dieterich und Andreas Weidle*
Für Fremde danken
Ein Familiengottesdienst mit 3. Mose 19, 33.34 80

2 SPIELE (SP)

2.1 *Ulla Manfroid*
Frederick
Ein Mäusespiel nach einer Geschichte von Leo Lionni 87

2.2 *Gisela Klaus*
Sonne, Wasser, Blumen, Brot – danke guter Gott
Ein Spiel für die Kleinen zum Erntedankfest 90

2.3 *Albrecht Schmidt-Brücken*
Es war einmal ein großer Herr
Ein Spiel nach Moritaten-Art zu Matthäus 25, 14–30 92

3 BAUSTEINE (BST)

3.1 *Karl Daiber und Ulla Manfroid*
Ich freue mich, denn ich lebe
Eine Sprechmotette zum Erntedankfest 95

3.2 *Ulrich Gohl*
Es war einmal ein reicher Mann
Ein Spiellied zu Lukas 12, 16–21 96

3.3 *Karl Daiber*
Gottes Gaben – anvertraute Gaben
Lied und Text für drei Sprecher zum Erntedankfest 98

3.4 *Hartwig Körtje*
Lobet den Herren
Sprechmotette zum Erntedankfest 101

... Gutes und Barmherzigkeit werden mir folgen mein Leben lang ...

IV Reformation/Bibel 105

1 FAMILIENGOTTESDIENSTE (FGD)

1.1 *Gottfried Mohr*
Unsere Bibel – meine Geschichte
Ein Familiengottesdienst mit Spielszenen zu Markus 4, 3–9 106

2 SPIELE (SP)

2.1 *Eberhard Dieterich*
Die Leidensgeschichte des Wortes Gottes
Ein erzählendes (Lese-)Spiel zu Jeremia 36 115

3 BAUSTEINE (BST)

3.1 *Eberhard Dieterich*
Von Martin Luther erzählen 122

3.2 *Hermann Drews und Eckhard Lange*
Martin Luther – Ein Würfelspiel 126

... im Angesicht meiner Feinde ...

V Friedenswoche 129

1 FAMILIENGOTTESDIENSTE (FGD)

1.1 *Gerhard Kraft*
Kleine Schritte auf dem Weg zum Frieden 130

2 SPIELE (SP)

2.1 *Marliese Platzöder*
Wir feiern einen Kinderfriedenstag
Ein Friedensfest mit Liedern, Ideen, einer Erzählung und mehr 136

3 BAUSTEINE (BST)

3.1 *Eberhard Dieterich und Gerhard Kiefer*
Selig sind, die Frieden stiften
Ein Holzschnitt von H.-G.Anniès und Anregungen zu einem Friedensgottesdienst 142

... ich werde bleiben im Hause des Herrn immerdar.

VI Ewigkeitssonntag 145

1 FAMILIENGOTTESDIENST (FGD)

1.1 *Gottfried Mohr*
Uhren, Zeit und Ewigkeit
Ein Familiengottesdienst mit Psalm 90 146

3 BAUSTEINE (BST)

3.1 *Jürgen Koerver*
Angst vor dem Meer und dem Sterben
Eine Erzählung zu Matthäus 8, 23–27 155

Autorenverzeichnis 160

Verzeichnis der Lieder und Kanons

Du läßt uns älter werden (zum Schulanfang)	64
Es war einmal ein großer Herr (Spiellied zu Matthäus 25, 14–30)	93
Es war einmal ein reicher Mann (Spiellied zu Lukas 12, 16–21)	96
Gott, weil er groß ist (Kanon)	113
Gottes Gaben, ob wenig oder viel	99
Hört, was die Bibel einmal schrieb	105
Ich hab eine Hand! Du hast eine Hand! (Spiellied)	46
Ich träum' davon (Kanon)	138
Ihr, ihr könnt nun gehen im Frieden des Herrn	37
Selig sind, dieFriedenstiften(Kanon)	143
Laßt uns miteinander (Kanon zum Singen und Tanzen)	25/36
Liebe deinen Nächsten wie dich selbst	37
Lieber Gott, wir danken dir	70
Lobet den Herren alle, die ihn ehren (EKG 347 mit Sprechmotette)	101
Schwarze, Weiße, Rote, Gelbe (neuer Text!)	83
Sei ein lebend'ger Fisch	26
Tina kann gut springen	60
Und wenn ich auch nach Hause muß (Kanon)	140
Wasser, Wasser kühl und klar	53
Wenn einmal einer ärgert sich (Spiellied)	46
Wie in einer zärtlichen Hand (Kanon)	139

Wie viele Farben hat das Jahr?

Es ist eine alte Sitte, den Festzeiten im Kirchenjahr bestimmte Farben zuzuordnen: Christusfeste = Weiß; Feste der Kirche (Pfingsten, Reformation) = Rot; Advent, Passion und Buß- und Bettag = Violett; Karfreitag = Schwarz. Für die lange Zeit nach Pfingsten, die Zeit, in der die Sonntage keine Namen mehr wert zu sein scheinen und nur noch numeriert sind, ist es die Farbe Grün.

Mesner oder Küster wissen darüber Bescheid und in mancher Sakristei hängt eine Liste; auch in Pfarramtskalendern stehen die »liturgischen« Farben.

Wie viele Farben hat das Jahr? Auf alle Fälle mehr – viel mehr, als wir denken. Schauen Sie sich den Frühling oder einen Erntedankaltar an, da kann es nicht farbig genug sein, und es wird einem noch lange nicht zu bunt.

Trotzdem sind viele unserer Gottesdienste merkwürdig »einfarbig« und eintönig. Schade. Wie wenn das Evangelium langweilig, die Gute Nachricht grau in grau sein müßte.

Eigentlich wissen wir es: Sie ist es nicht, und sie muß es auch nicht sein. Wenn Gottesdienst Gottes unverdiente Wohltat an uns Menschen meint (»Gott dient uns mit seinem Wort«), dann darf in unseren Gottesdiensten die Phantasie aufblühen und schöne Blüten treiben.

Mit den Augen von Kindern

Spiel und Erzählung, Bilder und Verse, Lieder und Zeichen – die ganze bunte Vielfalt, die Sie in den drei Bänden unserer Reihe »Das Kirchenjahr feiern« finden, stammen aus den Erfahrungen von Gottesdiensten, die von Erwachsenen und Kindern gemeinsam gefeiert wurden.

Kinder haben es uns wieder möglich gemacht, was den Erwachsenen abhanden gekommen war:

Gottesdienst in seiner bunten Vielfalt zu feiern, in dem alle Sinne angesprochen werden und der das Gefühl vermittelt: Gott liebt uns als seine Kinder, so wie er uns erschaffen hat mit »Augen, Ohren und allen Gliedern, Vernunft und allen Sinnen«.

Kinder haben geholfen, daß wir im Gottesdienst auch wieder die Augen und nicht nur die Ohren brauchen, ebenso Hände und Füße und nicht nur ein »geduldiges Sitzfleisch«.

Wir sind bedürftiger geworden

In unserer Zeit, in der anscheinend nur noch zählt, was man zählen kann, sind wir bedürftiger geworden. Wir bedürfen mehr denn je der Erfahrung: Evangelium ist Wohltat Gottes. Es verdient den Namen »gute Nachricht«.

Das Feiern im Kirchenjahr mit Kindern und der ganzen Gemeinde im Gottesdienst, aber auch in einzelnen Gruppen, von den Konfirmanden bis zu den Senioren, kann uns dabei helfen.

Es gibt viel zu feiern – gerade auch im Sommer, gerade auch in der festlosen Zeit: Gemeinden feiern Feste, die über den Gottesdienst hinaus zu Gemeindefesten wachsen.

Der *Schulanfang* wird ein Fest der Gemeinde und nicht nur ein großer Tag der Sechsjährigen.

Frieden – Gottes Schalom – will gefeiert werden, gerade weil es uns so schwerzufallen scheint, wahrzunehmen, wie schon der Gott des Alten Testamentes nicht »auf Heer oder Kraft, sondern auf seinen Geist« die Verheißung legt – und wie deshalb Frieden nicht nur den Frieden des Herzens mit Gott, sondern auch und gerade Schritte der Menschen zum Frieden meint.

Vielleicht haben wir es beim Erntedank schon am meisten gelernt, daß Gott uns von Kopf bis Fuß beschenkt und daß seine Schöpfung mit allen ihren Farben und aller ihrer Vielfalt uns dienen darf. Auf der anderen Seite aber spüren wir gerade hier, wie die ganze Kreatur unter uns Menschen leidet und hofft, daß Christus nicht nur uns Menschen, sondern die ganze Welt erlöst (Römer 8).

Daß Sie auch Anregungen zum »Feiern« am Ende des Kirchenjahres in diesem Buch finden, hängt damit zusammen, daß das Kirchenjahr auch die dunklen Farben kennt. Im Licht von Ostern wird der Totensonntag in die Ewigkeit des Lebendigen gerückt! Aus Schwarz wird Grün. Im Violett lebt die Hoffnung auf Umkehr. Kann man so Buß- und Bettag oder den Totensonntag »feiern«?

Wie viele Farben hat das Jahr?

Wer es recht versteht, für den kann es nicht bunt genug sein. Wir wünschen uns, daß dieses Buch auf vielfarbige Weise dazu anregt, im Kirchenjahr – und gerade auch in der »festlosen« Zeit – Gottes Barmherzigkeit zu feiern und Jesu gute Nachricht weiterzusagen und weiterzuleben:

»Kehrt um und glaubt an das Evangelium«.

Zu Text und Bild auf der rechten Seite: ▶
Aus: Hubertus Halbfas, Religionsbuch für das dritte Schuljahr, Patmos Verlag, Düsseldorf, S. 55. – Baum-Motiv: HAP Grieshaber, Plakat zum Jubiläum 500 Jahre Universität Tübingen 1976,

Er weidet mich auf einer grünen Aue
und führet mich zum frischen Wasser...

I. FESTE IM SOMMER

Ein Fest ist
wie ein Baum.
Mit seinen
Wurzeln
dringt er tief
ins
Erdreich
ein,
in dunkle
Zonen,
die Halt
und Nahrung
geben.

Ein richtiges Fest
kommt von weit her.
Es ist nicht wie ein
Maibäumchen
ohne Wurzel und Halt
und schon am nächsten Tag
verwelkt.

Ein richtiges Fest
wurzelt
in der Tiefe,
in den
Anfängen
der Geschichte
Gottes
mit den
Menschen.

Ein Fest ist
wie ein Baum,
der blüht
und wächst
von Jahr
zu Jahr
zu Jahr
immer anders,
immer gleich,
immer neu
für uns heute.
Es muß ja
unser Fest sein,
nicht das von gestern,
unser Fest,
das uns neu macht!

Ein Fest ist wie ein Baum.
Mit seiner Krone
badet er im Licht,
füllt er den Himmel aus.

Ein richtiges Fest
holt den Himmel
auf die Erde,
greift der
Zukunft vor,
gibt Mut
und neue
Liebe
zum Leben.

Ein Fest ist wie ein Baum
der eine Himmelsleiter ist
Mitte der Welt
Fülle des Lebens

Seht die Vögel unter dem Himmel

Ein Familiengottesdienst zu Matthäus 6,25.31–33

von Gottfried Mohr *und einem Team*

Zum Gottesdienst

1. Gottesdienst im Grünen

Der folgende Gottesdienst wurde »im Grünen« gefeiert. Vielleicht ist manches davon in einer Kirche nicht nachvollziehbar (wirklich nicht?). Wir haben uns dennoch zu einem unveränderten Abdruck entschieden, weil sich die Idee, im Freien zu feiern, zu bedenken lohnt und weil Sie diese selbst abwandeln können.

2. Papierschwalben

Das Liedblatt dieses Gottesdienstes war so gestaltet, daß neben Bibeltext und Liedern auch eine Bastelhilfe mit aufgedruckt war, um aus dem Liedblatt eine Papierschwalbe zu falten.
Kindergottesdiensthelfer und Konfirmanden hatten während der Bastelphase im Gottesdienst die Papierschwalbe überdimensional groß und Schritt für Schritt vorgefaltet, andere Mitarbeiter leisteten »in den Reihen« Falthilfe!

3. Gespräch der Vögel über die Menschen

In einer Sprechmotette des Gottesdienstentwurfs sollen Vögel zu Wort kommen. Am einfachsten können die Sprecher als Fink, Meise . . . kenntlich gemacht werden, indem sie die entsprechende Vogelart ausgeschnitten und auf Pappe geklebt um den Hals hängen haben. Zur Herstellung dieser »Pappvögel« kann man Fotos der jeweiligen Tiere mit einem Epidiaskop an die Wand projizieren, dort in der gewünschten Größe auf eine Papierbahn abzeichnen, bemalen, aufkleben, ausschneiden . . . fertig! Übrigens: Die gebrauchten Vögel zieren jetzt das Gemeindehaus und sorgen so dafür, daß Gemeindeglieder dort an das »sorget nicht . . .« erinnert werden.
Natürlich genügt auch die Aufschrift »Falke . . .« auf einem Pappschild, wenn einem der künstlerische Aufwand zu groß erscheint.

4. Weiterfeiern

Wer meint, nach dem Gottesdienst weiterfeiern oder spielen zu sollen, der sollte dies tun (vgl. die Spielstraße Seite 44 ff.).

Gottesdienstentwurf

1. Vogelgezwitscher

Es wurde zusammengestellt aus den Schallplatten »Vogelstimmen unserer Heimat«, Folge 1 und 2 *(Europa)*

2. Vorspiel des Posaunenchors

3. Begrüßung

Heute haben uns nicht die Glocken zum Gottesdienst gerufen, sondern die Vögel mit ihrem Gezwitscher. Wir sind ja auch heute mit unserem Gottesdienst sozusagen bei ihnen zu Gast. Wir sind im Wald und dort wohnen die Vögel.

»Seht die Vögel unter dem Himmel«, so heißt das Thema unseres Gottesdienstes. Jesus fordert uns dazu auf: Seht sie an, die Vögel. Hier draußen in der Natur fällt es uns vielleicht leichter, die Vögel und ihre Lebensweise zu betrachten. Und von den Vögeln können wir ganz sicher auch einiges lernen.

Wir beginnen diesen Gottesdienst mit einem gemeinsamen Lied:

4. Gemeindelied

5. Wir machen das Vogelgezwitscher nach

Oft sieht man die Vögel gar nicht. Sie sind scheu und verstecken sich. Aber man hört sie. Denn sie singen und zwitschern in den Ästen. Vielleicht sind wir Menschen ein bißchen neidisch auf den Gesang der Vögel. Wir versuchen den Vogelgesang nachzumachen. Wir können pfeifen. Es gibt aber auch Instrumente, die das Lied der Vögel nachahmen. Wir haben nun die Kinder gebeten, alle Arten von Vogelpfeifen und Instrumente mitzubringen.
(Kinder kommen vor, pfeifen vor. Auf einem Tisch liegt eine Sammlung von Pfeifen. Zum Schluß ein improvisiertes Vogelkonzert aller Kinder.)

6. Psalm (nach Matthäus 6 – im Wechsel gesprochen)

I. Sorget nicht um euer Leben, was ihr essen und trinken werdet;
II. auch nicht um euren Leib, was ihr anziehen werdet.
I. Ist nicht das Leben mehr als die Speise
II: und der Leib mehr als die Kleidung?

Alle: *Mach in mir deinem Geiste Raum,*
daß ich dir werd' ein guter Baum,
und laß mich Wurzel treiben;
verleihe, daß zu deinem Ruhm,
ich deines Gartens schöne Blum
und Pflanze möge bleiben. (EKG/LfJ 371,14)

I. Sehet die Vögel unter dem Himmel an:
II. sie säen nicht, sie ernten nicht, sie sammeln nicht in Scheunen;
I. und euer himmlischer Vater nährt sie doch!
II. Seid ihr nicht viel mehr als sie?

Alle: *Mach mir in deinem Geiste Raum . . .*

I. Darum sollt auch ihr nicht sorgen und sagen:

II. Was werden wir essen? Was werden wir trinken? Was werden wir anziehen?

I. Damit plagen sich Menschen, die Gott nicht kennen.

II. Euer himmlischer Vater weiß, daß ihr das alles braucht!

I. Trachtet zuerst nach dem Reich Gottes und nach seiner Gerechtigkeit,

II. dann wird Gott euch schon mit all dem anderen versorgen.

Alle: *Mach in mir deinem Geiste Raum . . .*

7. Der Text (Matthäus 6,25 + 26.31–33, wenn nicht schon unter 6. gesprochen!)

8. Gespräch der Vögel über die Menschen

Einleitung: Hört die Vögel unter dem Himmel an. Es unterhalten sich nun eine Meise, ein Fink, ein Falke und die Eule, die in ihrer Weisheit immer alles zusammenfaßt. Und worüber unterhalten sich die Vögel? Natürlich über die Menschen.

Eule: Seht euch die Menschen auf der Erde an . . . Eine selten verrückte Tierart, die Menschen. Was die so alles treiben und anstellen!

Meise: Wieso verrückt? Ich finde die Menschen nett. Wenn ich an den Winter denke und an die Vogelhäuschen und Meisenringe . . .

Fink: Du denkst nur an dich, du Piepmeise. Ich finde im Sommer nichts zu essen. Keine Samen mehr auf den Feldern und in den Gärten. Alles haben diese flügellosen Zweibeiner abgemäht oder totgespritzt.

Eule: Seht euch die Menschen auf der Erde an. Im Sommer nehmen sie den Vögeln das Futter und im Winter füttern sie die Vögel.

Falke: Die Menschen sitzen meistens in diesen Blechkäfigen auf Rädern und rasen durch die Welt. Links und rechts von ihren Bahnen liegen tote Igel, Mäuse, Hasen, Katzen. Alles, was mein Herz begehrt!

Meise: Aber diese Blechkäfige auf Rädern sind schnell. Da komme ich nicht mehr mit. Überhaupt, bei den Menschen muß immer alles schnell gehen. Je schneller desto besser, ohne Rücksicht auf Verluste.

Falke: Was bin ich neulich erschrocken! Da lag so ein Zweibeiner selbst tot am Straßenrand und gleich daneben ein rauchender Schrotthaufen.

Eule: Schaut euch die Menschen auf der Erde an. Sie hetzen durch die Welt und bringen sich dabei selbst um.

Fink: Die Menschen machen uns alles nach! Sie fliegen selbst in der Luft. Ich bin einem fliegenden Menschen begegnet, der saß in so einem stählernen Rotorgeier und spritzte stinkende Giftbrühe auf die Weinberge.

Meise: Hab' ich auch gesehen. Aber die Käfer aus den Weinbergen waren danach ungenießbar. Zwei meiner Jungen sind jämmerlich gestorben.

Eule: Schaut euch die Menschen auf der Erde an! Mit nichts sind sie zufrieden. Sie können laufen, aber sie wollen fliegen. Sie meinen, sie könnten sogar die Natur verbessern!

Falke: Und wie die ihre Nester bauen. Riesengroß aus Beton. Wozu braucht jeder so ein Riesennest. Uns machen sie das Jagdrevier kaputt. Meine Verwandtschaft wird immer kleiner. Und dann bauen sie so überlange künstliche Bäume aus Stein. Die sind innen hohl und ätzender Qualm kommt da oben raus. Mein Horstbaum, die Tanne, jammert schon über Asthma.

Meise: Die Menschen zanken noch schlimmer als die Spatzen! Deshalb muß jeder sein eigenes Nest haben – und ihre Häuser haben Türen und Schlösser, damit ja kein anderer hineinkommt.

Falke: Die lagern ihr Essen für Monate im voraus und speichern es im Haus. Und nachher können sie dann gar nicht so viel essen, wie sie haben. Dann schmeißen sie es wieder weg.

Fink: Die werfen Unmengen von Weizen und Äpfeln einfach ins Meer.

Falke: Mir könnte es ja egal sein, ich mag das Zeug sowieso nicht. Aber trotzdem finde ich es gemein. Die Zugvögel haben mir erzählt: »In Afrika hungern Menschen.«

Eule: Schaut euch die Menschen auf der Erde an. Sie sammeln riesige Vorräte. Sie essen mehr, als sie vertragen können. Den Überschuß werfen sie in den Müll. Ich glaube, bei den Menschen ist einiges aus dem Gleichgewicht geraten.

Falke: Du hast recht. Bei meinen Ausflügen in höchste Höhen muß ich furchtbar aufpassen. Neulich wäre ich schier mit einem feuerspeienden Ungetüm zusammengestoßen. Düsenjäger nennen sie so was. Ein toter Vogel, der fliegt. Wo gibt's denn so was?

Eule: Schaut euch die Menschen an! Manchmal schaue ich am liebsten weg und verkrieche mich in den tiefsten Wald. Ich glaube, bei den Menschen piept's wohl ein bißchen!

9. Lied: z. B. »Die Vögel unterm Himmel«, LfJ 628

10. Wenn ich ein Vöglein wär . . . (für verschiedene Sprecher)
Was die Vögel alles über uns Menschen sagen!
Die ahnen ja nicht, wie sehr wir die Vögel um ihre Lebensweise beneiden!

Alle (singen): »Wenn ich ein Vöglein wär, und auch zwei Flügel hätt . . .«

— Wenn ich ein Vöglein wär. Ich könnte mich aufmachen und davonfliegen, hinauf in die Luft, in die Freiheit.
— Aber ich bin ein Mensch, ich habe meine Pflichten. Ich muß zur Arbeit. Ich muß zur Schule. Ich muß Essen kochen. Ich bin unabkömmlich.
— Wenn ich ein Vöglein wär, hätte ich so schöne bunte Federn. Man würde mich bewundern.

— Aber ich bin ein Mensch. Ich muß ordentlich gekleidet sein. Ich muß mich nach der Mode richten. Ich muß eine Krawatte tragen. Ich muß mich warm anziehen. Man schaut auf mein Aussehen und sagt: »So einer ist das also.«
— Wenn ich ein Vöglein wär. Würde ich mir ein Nest bauen im hohen Geäst eines Baumes, nur für mich und meine Familie.
— Aber ich bin ein Mensch. Mein Haus ist teuer erkauft mit Bausparverträgen und Schulden. Ich muß planen, sparen und organisieren. Alles ist so kompliziert. Zentralheizung und Kabelanschluß.
— Wenn ich ein Vöglein wär, könnte ich singen wenn die Sonne scheint.
— Aber ich bin ein Mensch, ich kann nicht immer singen. Mir bleiben die Töne im Halse stecken, weil ich Sorgen habe. Es gehört sich nicht, einfach ein Lied zu trällern. Erst kommt die Arbeit, dann das Vergnügen.
— Wenn ich ein Vöglein wär, könnt ich Grenzen im freien Flug überwinden.
— Aber ich bin ein Mensch. Ich stoße an meine Grenzen. Ich nehme mir viel vor und schaffe nur die Hälfte. Ich kann nicht davonfliegen, nur die Zeit fliegt mir immer wieder davon.
— Wenn ich ein Vöglein wär ...
Aber ich bin kein Vogel. So bleibt mir nur der schöne Traum. Nicht ich, nur meine Gedanken können manchmal wie ein Vogel fliegen in die Freiheit der Phantasie. Meine Träume können so bunt sein wie die Federn eines Vogels. Meine Ideen können so überzeugend einfach sein wie das Nest eines Vogels.
Ich muß auf der Erde bleiben.

11. Lied

12. Ansprache (siehe unten)

13. Gemeindelied

14. Vögel falten

Können Sie das noch? Eine Schwalbe falten – andere sagen Flieger dazu. Als Schüler hat man es gekonnt, während der Unterrichtsstunde natürlich, bis der Lehrer einem die Schwalbe abgenommen hat, zerknüllt und in den Papierkorb geworfen. Wie schnell man so was verlernt! Es ist zwar nicht weltbewegend wichtig, aber es ist schön und macht Spaß. Wir wollen jetzt aus unseren Liedblättern Schwalben falten. Ich erkläre es. Sven und Thomas falten vor. Kinderkirchhelfer und Konfirmanden helfen Ihnen, wenn Sie nicht mehr weiterwissen.

15. Kanon: »Herr, ich werfe meine Freude wie Vögel an den Himmel.«
(z. B. in: »Menschenskinderlieder«, Nr. 53; Hrsg. Beratungsstelle für Gestaltung von Gottesdiensten, Frankfurt)

16. Schlußgebet (für verschiedene Sprecher)

17. Kanon
(Währenddessen werfen alle die bunten Schwalben in die Luft.)

18. Segen

Ansprache (siehe Nr. 12)

Liebe Gemeinde!

Zur Zeit sagen viele: Ich bin urlaubsreif. Schüler und Lehrer brauchen dringend Ferien. Bald ist es soweit: Dann werden die Koffer gepackt. Auf geht's in ein anderes Land.

Ich hab' noch nie einen Vogel gesehen, der Urlaub gemacht hat. Dabei schaffen sie auch von morgens bis abends. Auch das Vogelleben hat seine Plage: Futtersuche, Revier verteidigen, Angst vor Feinden.

Das ist wohl etwas Besonders bei uns Menschen, daß uns die Arbeit urlaubsreif macht. Woran liegt's?

Die Vögel haben das richtig gesehen. Wir Menschen können nie genug bekommen! Ein Vogel baut jedes Jahr sein Nest gleich. Wenn ein Mensch ein zweites Mal ein Haus baut, baut er es größer, schöner, moderner. Es gehört zur menschlichen Natur, daß er nie ganz zufrieden ist mit dem, was er ist und was er hat. Es muß immer besser werden, immer mehr, immer größer, immer schneller. Wovon ich rede, ist sozusagen der Motor des Fortschritts. Aus dem Höhlenbewohner der Steinzeit entwickelte sich der Mensch von heute, der Computer als Hilfsgehirne hat, der fliegen kann, schneller wie jeder Vogel, der Roboter für sich arbeiten läßt. Es gäbe keinen Fortschritt, wenn der Mensch zufrieden wäre mit dem, was er erreicht hat. So verdanken wir also die großartigen Entwicklungen der Menschheit letztlich der Unzufriedenheit des menschlichen Herzens. Überall gibt es Fortschritt, Wachstum, Steigerung – aber der Mensch von heute ist deshalb nicht glücklicher wie der Mensch der Steinzeit, oder des Mittelalters, oder wie unsere Großeltern.

Die Bibel sagt: Die Größe des Menschen, durch seine Arbeit Großes zu leisten, ist gleichzeitig ein Fluch: »Im Schweiße deines Angesichtes sollst du dein Brot essen.« Das Paradies, in dem jeder zufrieden ist mit dem, was er hat, gibt es nicht auf der Erde.

Und warum ist der Mensch nicht zufrieden mit dem, was er hat?

Es ist die Suche nach Anerkennung. Kein Vogel zweifelt daran, daß er ein Recht hat zu leben. Aber der Mensch kann daran zweifeln. Er kann am Sinn des Lebens zweifeln, ja verzweifeln bis zum Selbstmord. Der Mensch sucht Anerkennung in dem, was er hat. Villa und Mercedes beweisen ja bekanntlich, wer etwas ist.

Wie sehr träumen wir alle davon, von dem Kampf um Anerkennung befreit zu sein. Wie schön wäre es, wenn wir nicht mehr beweisen müßten, wer wir sind. Dann könnten wir uns ausruhen und zufrieden sein.

Im Urlaub geht das vielleicht ein bißchen für ein paar Tage in einem anderen Land.

Jesus erzählt auch von einem anderen Land: Vom Reich Gottes und seiner Gerechtigkeit. In diesem Land ist alles recht: da kann der Mensch zufrieden sein, so wie er ist, weil es dort egal ist, was er hat.

In diesem Land bestimmt nicht die Karriereleiter den Wert des Menschen, sondern Gott sagt: Ich bin euer Vater – und alle seid ihr unendlich wertvoll, weil ich euch liebe. Wie weit ist der Weg in dieses Land?

Wir sind urlaubsreif und hätten Sehnsucht, dort hinzukommen. Gottes Reich ist nicht von dieser Welt. Aber es kann hier aufleuchten, wie ein Traum, der Wirklichkeit wird.

Seht euch die Vögel unter dem Himmel an . . .

Wenn uns eine Stunde glücklich macht – und wir nicht gleich schielen: Wo gibt's mehr davon.

Wenn uns der Friede zufrieden macht – und wir nicht gleich im Nachbarn den Konkurrenten und Feind sehen.

Wenn uns Gewinn genügsam macht – und wir nicht gleich neidisch schauen: Macht etwa mein Nachbar mehr Gewinn?

Wenn Geld glücklich macht – und wir nicht gleich zittern: Es könnte weniger werden. Dann sind wir schon mit dem Herzen in Gottes Reich. Dann können wir plötzlich uns selbst leiden. Wir müssen nur darauf vertrauen, daß Gott uns alle so unendlich liebt. Dadurch wird doch unser Leben so unendlich wertvoll. Egal was wir leisten, egal was wir haben, entscheidend ist, was wir sind: Gottes Kinder. Amen.

Das Zeichen des Fisches

Familiengottesdienst für ein Gemeindefest zum Thema »Gemeinschaft«

mitgeteilt von GERHARD KIEFER

Biblischer Kontext: Apostelgeschichte 2, 41–47

Zur Vorbereitung:

Im Gottesdienst soll ein »Gemeindefisch« entstehen. Dazu müssen zwei große »Fischplakate« hergestellt werden (siehe Skizze). Auf einem Plakat sind nur die Umrisse eines großen Fisches gezeichnet. Auf dem anderen sind die Erklärungen zu »Ichtys = Fisch« aufgeschrieben. Kleine Fische aus verschiedenfarbigem Tonpapier/Buntpapier müssen ausgeschnitten und auf der Rückseite mit einem Doppelklebeband versehen werden. Man benötigt etwa doppelt so viele Fische wie Gottesdienstbesucher zu erwarten sind.

Nach dem Gottesdienst:

Der Gottesdienst war Auftakt für ein Gemeindefest. Gemeinschaft erleben im Gottesdienst und außerhalb des Gottesdienstes gehören zusammen. Eine Spielstraße als ein Gestaltungselement für ein Gemeindefest finden Sie auf den Seiten 44ff.

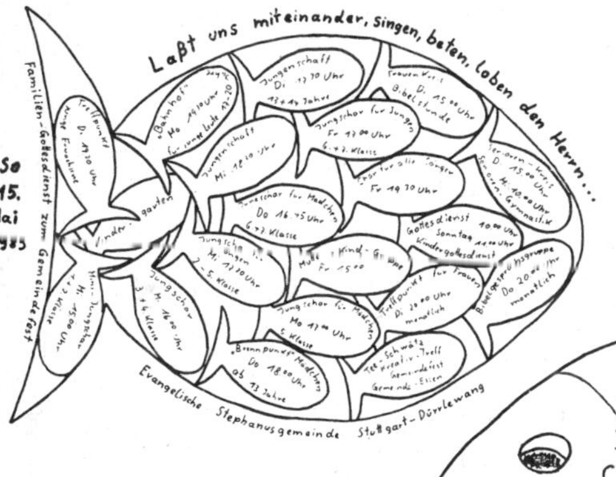

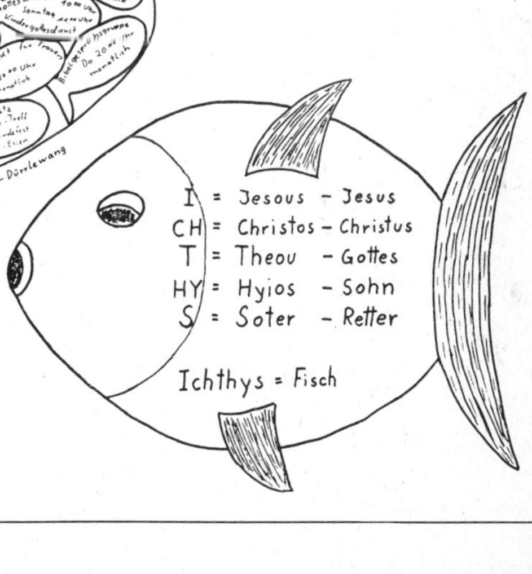

1. Ordnung des Gottesdienstes

(Jeder Gottesdienstbesucher bekommt am Eingang einen Fisch aus Tonpapier.)

Vorspiel
Begrüßung
Gemeindelied: »Geh aus mein Herz . . .«, EKG/LfJ 371, 1.2.7.8
Psalmgebet: Psalm 104 (im Wechsel)
(in: »Er gebe uns ein fröhlich Herz«, Seite 57, Nr. 34)

Lied: »Lob Gott getrost mit Singen«, EKG/LfJ 205, 1.4.6
Einführung in das Thema
Posaunenchor
Lesung: Apostelgeschichte 2, 41–47

Predigt

Kanon: »Laßt uns miteinander . . .«
Wir gestalten einen Gemeindefisch
Lied der Jungscharen: »Sei ein lebendiger Fisch« (siehe Seite 26)
Schlußgebet – Vaterunser
Abkündigungen
Lied: »Sonne der Gerechtigkeit«, EKG/LfJ 218
Segen
Nachspiel

2. Aus der Predigt

. . . Wir wollen heute ein Stück Kontakt bekommen, wollen miteinander essen, spielen, reden und Gottesdienst feiern und so ein Stück Gemeinde erleben. Wir wollen Gemeinde und Gemeinschaft erleben und nicht nur davon reden.

Zunächst wollen wir uns miteinander Gedanken machen über unser Thema: »Laßt uns miteinander singen, beten, loben den Herren.« Dies sind die Merkmale der Gemeinde, wie sie uns die Bibel beschreibt. Leitbild ist dazu das alte Bekenntniszeichen des Fisches, das Zeichen, das die Christen in Rom in Verfolgungszeiten zusammengehalten hat. Das Zeichen des Fisches soll uns auch heute verbinden. Auf unserem Gottesdienstprogramm ist unsere Gemeinde als großer Fisch dargestellt mit ihren vielen Gruppen. In jeder dieser Gruppe ist ein Stück Gemeinde erlebbar. Aber jede Gruppe besteht auch aus einzelnen Mitgliedern. Darum haben wir heute morgen das Fischzeichen ausgeteilt. Jeder, der heute morgen da ist, trägt mit bei zur Gemeinschaft in diesem Gottesdienst . . .

1. Wie der Fisch ohne Wasser nicht leben kann, so können wir nicht ohne Christus leben.

2. Wie der Fisch nicht ohne Wasser leben kann, so können wir nicht leben ohne Gemeinschaft.

a) Sie blieben ständig beieinander und ließen sich unterweisen von den Aposteln.

b) Sie blieben beieinander und beteten gemeinsam.

c) Sie alle blieben ständig beisammen.

d) Sie alle blieben ständig beisammen – auch in der Gefahr.

Abschluß der Predigt mit der Geschichte von

SWIMMY *von Leo Lionni*

(Deutsch von James Krüss, aus dem gleichnamigen Bilderbuch, © Gertraud Middelhauve Verlag, Köln)

Irgendwo in einer Ecke des Meeres lebte einmal ein Schwarm kleiner, aber glücklicher Fische. Sie waren alle rot. Nur einer von ihnen war schwarz. Schwarz wie die Schale der Miesmuschel. Aber nicht nur in der Farbe unterschied er sich von seinen Schwestern und Brüdern: Er schwamm auch schneller. Sein Name war Swimmy.

Eines schlimmen Tages kam ein Thunfisch in diese Ecke des Meeres gebraust, ein schneller, grimmiger, überaus hungriger Bursche. Der verschlang alle kleinen roten Fische mit einem einzigen Maulaufreißen. Nur ein Fisch entkam ihm. Das war Swimmy. Erschrocken, traurig und einsam wedelte der kleine Swimmy hinaus ins große, große Meer.

Nun ist das Meer aber voller wunderbarer Geschöpfe, die Swimmy in seiner heimatlichen Meeresecke nie gesehen hatte. Als der große Ozean ihm Wunder um Wunder vorführte, wurde er bald wieder so munter wie ein Fisch im Wasser. (Und ein Fisch im Wasser war er ja; wenn auch nur ein kleiner.) Zuerst sah Swimmy die Meduse, die Qualle. Er fand sie wunderbar. Sie sah aus, als wäre sie aus Glas, und sie schillerte in allen Farben des Regenbogens.

Dann sah Swimmy eine Art lebenden Schaufelbagger. Das war der Hummer.

Gleich darauf schwammen sehr seltsame Fische an ihm vorbei, leise und gleichmäßig, als ob sie von unsichtbaren Fäden gezogen würden. Dem kleinen munteren Swimmy waren sie ein bißchen unheimlich.

Bald aber war Swimmy wieder heiter. Er durchschwamm einen prächtigen Märchenwald. Einen Wald aus Meeresalgen, die auf bonbonbunten Felsen wuchsen.

Swimmy kam aus dem Staunen nicht heraus. Jetzt nämlich begegnete er einem Aal, der ihm unendlich lang erschien. Als Swimmy endlich wild wedelnd am Kopf des Aales angekommen war, konnte er sich schon nicht mehr an die Schwanzspitze erinnern.

Ein Wunder schloß sich ans andere an. Das nächste waren die See-Anemonen. Sie schwangen in der Strömung sanft hin und her, wie rosa Palmen, vom Wind bewegt.

Dann jedoch glaubte Swimmy seinen Augen nicht zu trauen. Er sah einen Schwarm kleiner roter Fische. Hätte er nicht gewußt, daß sein eigener Schwarm verschlungen und verschwunden war: er hätte die Fische für seine Schwestern und Brüder gehalten. »Kommt mit ins große Meer!« rief er ihnen munter zu. »Ich will euch viele Wunder zeigen!« »Geht nicht«, antworteten die kleinen Fische ängstlich. »Dort würden uns die großen Fische fressen! Wir müssen uns im sicheren Felsenschatten halten.«

Die Antwort der kleinen roten Fische machte Swimmy nachdenklich. Er fand es traurig, daß der Schwarm sich nie hinaus ins offene Meer trauen durfte. »Da muß man sich etwas ausdenken!« dachte er.

Er überlegte und überlegte und überlegte. Und endlich hatte er einen Einfall. »Ich hab's!« rief er fröhlich. »Laßt uns etwas ausprobieren!«

Da Swimmy den kleinen roten Fischen gefiel, befolgten sie seine Anweisungen. Sie bildeten einen Schwarm in einer ganz bestimmten Form. Jedes Fischchen bekam darin einen Platz zugewiesen.

Als der Schwarm diese bestimmte Form angenommen hatte, da war aus vielen kleinen roten Fischen ein großer Fisch geworden, ein Fisch aus Fischen, ein Riesenfisch. Es fehlte dem Fisch nur das Auge. Also sagte Swimmy: »Ich spiele das Auge!« Dann schwamm er als kleines schwarzes Auge im Schwarm mit.

Jetzt traute der Schwarm sich endlich hinaus ins offene Meer, hinaus in die große Welt der Wunder. Niemand wagte mehr, sie zu belästigen. Im Gegenteil: Selbst die größten Fische nahmen vor dem Schwarm Reißaus. Und so schwimmen viele kleine rote Fische, getarnt als Riesenfisch, immer noch glücklich durch das Meer, und Swimmy fühlt sich in seiner Rolle als wachsames Auge sehr, sehr wohl.

Schluß der Predigt

Dieser Gottesdienst ist nun der Beginn unseres Gemeindefestes. Es soll ein Tag werden, an dem die verschiedenen Elemente, von denen die Gemeinde lebt, besonders deutlich werden können. Wir wollen miteinander ein Stück praktizieren, von dem was wir gehört haben von den ersten Gemeinden: »Sie kamen oft zusammen, ließen sich unterweisen, halfen sich in äußeren Dingen, aber auch in ihren Fragen und Zweifeln. Sie teilten einander ihre Freude mit und ihre Nöte, beteten und hielten das Mahl der Gemeinschaft miteinander. Sie waren miteinander fröhlich und lobten in allem Gott.« Amen.

Kanon: »Laßt uns miteinander . . .«

Laßt uns miteinander singen, danken*, loben den Herrn

Text und Melodie
mündlich überliefert

*) Bei diesem Kanon kann an Stelle des Wörtchens »beten« auch »danken« gesungen werden. Bewegungen zu diesem Kanon finden Sie auf der Seite 36.

3. Wir gestalten einen Gemeindefisch

Vor uns hängt ein großer Fisch. Wir wollen ihn nachher zu unserem Gemeindefisch gestalten und damit sichtbar machen, daß es Gemeindschaft gibt auch hier bei uns, daß jeder seinen Platz darin finden kann. Dieser Fisch soll uns daran erinnern, aufeinander zuzugehen und auch den anderen Platz finden zu lassen in dieser Gemeinschaft, ihn Gemeinschaft erleben zu lassen. Darum möchte ich Sie bitten – soweit Sie wollen – den Namen auf ihren Fisch zu schreiben. Während wir nachher den Kanon miteinander lernen und sin-

Sei ein lebend'ger Fisch

Test und Melodie: Margret Birkenfeld
Aus: »Sing mit uns ein neues Lied«, Band 1, © Turmberg-Verlag, Asslar

gen, sammeln wir die Fische ein und kleben sie an den großen Fisch. Die Kinder dürfen vorkommen und ihre Fische selber bringen.

Lied der Jungscharen: »Sei ein lebendiger Fisch«

Weitere Aktion im Gottesdienst:

Am Schluß der Informationen zum Gemeindefest vor dem Lied: »Sonne der Gerechtigkeit« wurde noch einmal folgendes der Gemeinde gesagt:

Bevor wir nun das nächste Lied singen, möchte ich nochmals auf unseren Gemeindefisch zurückkommen. Schön bunt ist er geworden – jeder von Ihnen hat ein Fischlein dazu hergegeben und sogar seinen Namen – davon lebt jede Gemeinschaft, daß wir etwas hergeben von uns, hineingeben von uns – aber wir werden auch beschenkt, wenn wir etwas hergeben. Darum lassen wir nochmals Körbchen durch die Reihen gehen. Jeder darf sich einen Fisch herausnehmen und wiederum seinen Namen daraufschreiben. Mit dem Klebeband läßt sich der Fisch an die Jacke, an das Kleid ankleben. So dient uns der Fisch heute auch als Erkennungszeichen – wir können aufeinanderzugehen beim Gemeindefest und uns mit dem Namen anreden.

Sich führen lassen und eigene Schritte gehen

Ein Familiengottesdienst mit Bildern und einer Spielszene zum Buch Ruth

von CHRISTOF HERMANN *und dem Kindergottesdienst-Helferkreis der Versöhnungskirche Stuttgart-Degerloch*

Zur Gottesdienstvorbereitung:

Für das Buch Ruth im Kindergottesdienst sowie einen abschließenden Familiengottesdienst haben wir insgesamt vier Sonntage benötigt:
An zwei Sonntagen wurde erzählt: Am 1. Sonntag Ruth 1, 1–22; am 2. Sonntag Ruth 2–4.
Am dritten Sonntag entstanden die Reißbilder.
Am vierten Sonntag feierten wir dann Familiengottesdienst.

2. Herstellen der Reißbilder

Die Bilder zur Ruth-Geschichte, die Szeneneinteilung sowie die Stichworte zu den Einzelbildern finden Sie auf Seite 28.
Die Geschichte wurde in sieben Bilder eingeteilt. Aus schwarzem Tonpapier wurden die Figuren/Szenen gerissen und auf eine Tapetenrolle aufgeklebt.
Bevor die Kinder mit der Reißarbeit begannen, hatten wir die Tapete am Boden vorbereitet und festgeklebt. Der Platz für die einzelnen Bilder war eingezeichnet, und auf jedem Bildplatz lagen die Stichworte zu dem vorgesehenen Bild (siehe unten). Jeweils drei bis vier Kinder arbeiteten an einem Bild und erhielten dazu einen Bogen Tonpapier. Miteinander wurde die Gestaltung der einzelnen Bilder besprochen (wer macht was, welche Figur oder Bildteile und wie). Ältere und jüngere Kinder arbeiteten gemeinsam an einem Bild: Die Jüngeren übernahmen zum Beispiel das Herstellen des Korns, der Ähren, Blumen, Sonne, des Mondes oder Gebäcks, während die Älteren die Figuren machten.

3. Die Reißbilder als Dias

Die auf Seite 28 wiedergegebenen Reißbilder haben Dia-Format! Das heißt, sie können direkt auf eine Klarsichtfolie kopiert, in Diarähmchen eingelegt und sofort auf die Wand projiziert werden. Wer nicht die Möglichkeit hat, auf Folie zu kopieren, kann die Abbildungen auf ein weißes Blatt Papier kopieren und dieses über Nacht in Paraffinöl legen. Am nächsten Morgen wird das Blatt wieder entnommen und vorsichtig abgetrocknet, die einzelnen Bilder ausgeschnitten und ebenfalls in Diarähmchen eingelegt.

4. Zur Spielszene

Ruth, Orpa und Naemi wurden von drei Kindergottesdienstmitarbeiterinnen in einfacher Kostümierung gespielt.

5. Ort im Kirchenjahr

Neben der Zeit des Reisens und Unterwegsseins während der Ferien hat das Büchlein Ruth eine direkte Nähe zum Erntedankfest. Es gehört zu den Texten des jüdischen Erntefestes »Shavuot«. Mit dem folgenden Entwurf läßt sich auch ein Familiengottesdienst zum Erntedankfest feiern.

I. Ablauf des Familiengottesdienstes

Vorspiel
Begrüßung

Lied: »Gott des Himmels und der Erde«, EKG/LfJ 345, 1.2.5

Psalmgebet: Psalm 121 (im Wechsel)
Gebet – Stilles Gebet

Bilder aus dem Buch Ruth – Kinder erzählen dazu

(Unsere Kinder im Kindergottesdienst waren von der Geschichte als Ganzes tief beeindruckt und begeistert. Das brachte uns auf die Idee, die Geschichte im Familiengottesdienst nicht – wie geplant – vorzulesen, sondern anhand der Bilder von den Kindern selbst frei nacherzählen zu lassen [je Bild ein Kind].
Den Kindern fiel es auffallend leicht, die Ruth-Geschichte in der Gemeinde lebendig werden zu lassen. Das »in der Geschichte sein« war ihnen abzuspüren.)

1

2

3

4

5

6

7

1. Bild: Hungersnot in Bethlehem – Naemi, ihr Mann und ihre beiden Söhne Machlon und Kiljon auf dem Weg nach Moab mit viel Gepäck.
2. Bild: Naemi, Ruth und Orpa an den Gräbern ihrer Ehemänner.
3. Bild: Naemi, Ruth und Orpa auf dem Weg nach Bethlehem – Naemi stellt ihre Schwiegertochter vor die Entscheidung umzukehren – Orpa ist bereits auf dem Rückweg.
4. Bild: Ruth beim Ährenlesen auf dem Feld des Boas.
5. Bild: Ruth kommt nachts auf die Tenne zu Boas – Boas schläft neben seinem Kornhaufen.
6. Bild: Boas und der nähere Verwandte verhandeln im Tor von Bethlehem miteinander – Der Handel ist abgeschlossen: Zum Zeichen dafür erhält Boas den Schuh des Verwandten.
7. Bild: eine glückliche Familie: Boas und Ruth haben geheiratet und einen Sohn bekommen. Naemi betreut das Kind.

Lied: »Befiehl du deine Wege«, EKG/LfJ 294, 1.5–7

Einführung in die Spielszene:

Wir haben jetzt die Geschichte der Ruth im Ganzen gesehen und gehört – vom traurigen Anfang bis zum glücklichen Ende.

Nun wollen wir uns eine Szene daraus noch einmal näher anschauen. Wir blenden zurück zu einem Tag, an dem von dem guten Ausgang noch nichts zu ahnen war.

Hier (auf den Wegweiser zeigen) ist die Grenze zwischen Moab und Juda. Naemi ist auf ihrem Rückweg nach Bethlehem mit ihren Schwiegertöchtern Orpa und Ruth bis hierher gekommen . . .

Spielszene: Entscheidung an der Grenze (siehe unter II)

Lied: »Fürchte dich nicht« (Neue Lieder II, Württ., Nr. 740, 1–3)
Predigt (siehe unter III)
Lied: »Gott will ich lassen raten«, EKG/LfJ 341, 6.7

Fürbittengebet

Herr, unser Gott, durch Jesus Christus, unser Vater –
wir danken dir,
daß du unser Leben führst und die Herzen lenkst
und uns Mut gibst zu Entscheidungen.
Wir bitten dich für die unter uns,
denen es schwerfällt, an deine Führung zu glauben.
Wir bitten dich für uns, wenn es uns schwerfällt.
Wir bitten dich für die Menschen,
die unter uns als Fremde leben.
Gib, daß wir ihnen aufmerksam und freundlich begegnen.
Wir bitten dich für die jungen Menschen und die älteren,
wenn ihnen nicht klar ist, wie ihr Leben weitergehen soll,
wenn sie suchen und das Gefühl haben, auf der Stelle zu treten.
Daß sie mit anderen sprechen können,
daß sie Klarheit bekommen und dann in deinem Namen etwas wagen.
Wir bitten dich für die, die in Ängsten leben in unserer Welt –
für die Geiseln im Libanon,
für die Opfer des Krieges zwischen Iran und Irak.
Wir denken an die Kranken, die wir kennen,
an die, die dem Sterben nahe sind,
und an die Trauernden.
Wir danken dir, daß deine Wege am Ende zum Guten führen.

Vaterunser

Lied: »Wenn wir jetzt weitergehen« (Neue Lieder II; Württ., Nr. 796, 1–3)

Abkündigungen
Segen
Nachspiel

II. Spielszene: Naemi mit Ruth und Orpa an der Grenze

Naemi: Jetzt sind wir bald an der Grenze. Dort liegt das Land meiner Väter. Da hinten im Dunst – das muß Bethlehem sein. Ob meine Verwandten noch leben? – Meine Töchter – ihr habt mich bis hierher begleitet. Ein weiter Weg, ich danke euch dafür. Nun wollen wir Abschied nehmen. Es muß sein.

Orpa: Mutter – es fällt mir so schwer.
Ich möchte dich nicht allein lassen ... aber ...

Naemi: Ich weiß, Orpa. Deine Familie wartet auf dich.
Deine Eltern brauchen dich.
Du hast für mich getan, was du konntest.
Du bist noch jung. Dein Leben liegt noch vor dir. Geh in Frieden!

Orpa: Mutter! Dein Gott möge dich beschützen!
(verabschiedet sich)
(zu Ruth:) Und du?

Ruth: Ich weiß noch nicht ... Ich kann nicht ...
Geh du schon mal nach Hause. Ich bleibe noch ...
(Sie verabschieden sich.)

Naemi: Orpa geht schnell. Sie wendet sich nicht mehr um.
Wie schwer es ihr fällt. Es ist hart für sie.
In ihrer Verwandtschaft wird sie Trost finden. Es sind gute Menschen. Sie wird wieder heiraten und Kinder bekommen.
Und du, Ruth? Was willst du wirklich?
Jetzt kannst du deine Schwägerin noch einholen. Sie kann doch nicht allein den weiten Weg zurückgehen. Ich muß jetzt weiter, Ruth!

Ruth: Ich gehe mit dir!

Naemi: Ist das dein Ernst? Mitgehen mit einer alten Frau – als Fremde in ein fremdes Land?

Ruth: Ich bleibe bei dir.

Naemi: Was weiß ich, was mich bei meiner Rückkehr erwartet! Ob ich überhaupt irgendwo unterkomme? Wovon ich leben werde? Einst trieb mich der Hunger dazu, dieses Land zu verlassen. Zu viert sind wir ausgezogen. Allein kehre ich zurück.
Aber es ist meine Heimat. Meine Familie hat dort ein Stück Land – vielleicht kann ich etwas davon verkaufen, um leben zu können. Aber dich will ich nicht in diese Ungewißheit mitnehmen.

Ruth: Ich weiß das alles.
Aber meine Entscheidung steht fest: Ich gehe mit dir.
Es ist mein eigener Entschluß.

Naemi: Wer soll das begreifen?
Denkst du gar nicht an deine Familie, an Orpa? Niemand wird verstehen, was du tust! Zuhause könntest du noch einen Mann finden und Kinder haben.
Hast du denn gar keine Angst?

Ruth: Doch, ich habe Angst. Aber ich kann nicht anders.
Als ich Machlon geheiratet habe, bist du meine Mutter geworden. Rede mir nicht ein, daß ich mich jetzt von dir trennen soll!

Naemi: Es tut mir gut, daß du so an mir hängst. Aber ich möchte, daß du an dich denkst. Du sollst dich nicht an mich gebunden fühlen.

Ruth: Versteh doch: Ich kann nicht anders.
Dein Volk ist mein Volk, und dein Gott ist mein Gott.
Ich bleibe bei dir, was auch kommen mag.

Naemi: Dann – komm, laß uns miteinander nach Bethlehem gehen.

III. Predigt

Eine Führungsgeschichte

Was ist das für eine Geschichte? Wie soll man sie charakterisieren?

Man könnte etwa sagen: Es ist die Geschichte einer jungen Frau, deren Treue belohnt wird. Oder: Es ist ein Sittenbild aus alter Zeit, manches wie eine Idylle, aber dann auch wieder lebensnah, handfest und derb.

Doch damit sind wir noch an der Oberfläche. Warum ist diese Geschichte Teil der Bibel geworden?

Auch in ihr wird von Gott gesprochen, aber anders als in anderen biblischen Geschichten. Er tritt nicht als mithandelnde Person auf, die man sieht und hört. Er spricht auch nicht als Stimme zu den Leuten, und nirgendwo erfahren wir, was Gott sich denkt und wie er urteilt über das Geschehen.

Gott bleibt verborgen. Man wird seiner nicht direkt gewiß. Insofern ist etwas Modernes in der Erzählung: Gott bleibt im Hintergrund. Aber, daran läßt die Erzählung keinen Zweifel: Hinter dem täglichen Treiben, in den scheinbaren Zufällen und in den seltsamen Fügungen ist Gott am Werk.

Diesen Glauben will die Geschichte weitergeben. Die Menschen, die sie uns erzählen, wissen: wir sind von Gott geführt. Darum möchte ich die alte Erzählung eine »Führungsgeschichte« nennen. »Wir sind von Gott geführt«. Alle Zufälligkeiten müssen ihm dienen. Am Ende will er's gutmachen.

Dabei verspricht die Erzählung nicht ein naives Glück. Sie weiß etwas von den Schatten im Leben. Sie beginnt mit Hungersnot, Auszug und Fremde.

Und später stehen drei Frauen an den Gräbern der Männer. So kann das Leben sein! Naemi spricht das aus: »Des Herrn Hand ist gegen mich gewesen. Der Allmächtige hat mir viel Bitteres angetan.« – Sie möchte an Gott festhalten. Aber er macht es ihr schwer!

Und doch bleibt ihr der Glaube: Gott kann alles noch zum Guten wenden. Und wie er das tut, wird dann erzählt.

Einiges möchte ich herausgreifen

Er tut es so, daß er fast unmerklich die Herzen von Menschen lenkt. Zum Beispiel dort, wo die drei Frauen ihre Entscheidung treffen. Wir haben die Szene von den Mitarbeitern der Kinderkirche dargestellt bekommen.

Naemi, die alte Frau, könnte ja die beiden jungen Frauen an sich binden wollen: Ich brauche euch, ich kann nicht leben ohne euch. Aber das tut sie nicht. Sie denkt nicht zuerst an sich, sondern an die beiden jungen Frauen, daß sie nochmals zu ihrem Lebensglück kommen. Sie gibt die beiden frei.

Orpa nimmt das Angebot an. Es fällt auch ihr nicht leicht, wegzugehen. Aber sie geht zurück zu ihrer Familie und in ihr Land.

Und Ruth entscheidet sich dafür, ungezwungen ihr Leben und ihr Schicksal mit Naemi zu teilen. Sie gibt dabei jenes Versprechen ab, das aus dem Buch Ruth am bekanntesten geworden ist:

»Wo du hingehst, da will ich auch hingehen; wo du bleibst, da bleibe ich auch. Dein Volk ist mein Volk und dein Gott ist mein Gott.«

Ruth und Boas

In solchen Entscheidungen ist unmerklich Gottes Führung am Werk. So auch bei dem Bauern Boas. Ruth kommt auf seinen Acker zur Zeit der Gerstenernte. Ährenlesen war das Recht der Armen. Sie durften dann den Acker betreten, wenn abgeerntet war. Boas begegnet ihr überraschend freundlich. Sie darf auch dort Ähren lesen, wo noch die Garben stehen. Und sie kann mit den Knechten zusammen Mittagsrast halten. So gehen nun Fäden hin und her zwischen Ruth und Boas.

Klug und mutig etwas tun

Wenn wir der Geschichte soweit gefolgt sind, dann könnte man meinen, der Führung Gottes trauen, das heiße vor allem: warten, bis die guten Erfahrungen wie von selbst auf einen zukommen, bis einem freundliche und liebevolle Menschen begegnen. Aber das wäre zu wenig, nur warten.

Die Geschichte wagt mehr. Mit Gott rechnen, das kann auch heißen: Im rechten Moment klug und mutig etwas tun. Das tun ja nun Naemi und Ruth. In der Klugheit der Frauen wissen sie sich zu helfen. Sie nehmen die Sache in die Hand und helfen dem Boas ein bißchen nach. Erinnern Sie sich an das Bild, und wie da ein Lächeln durch die Kirche ging, wie Boas nachts schläft auf der Getreidetenne und Ruth schleicht sich zu ihm, wartet bis er erwacht und wirbt um ihn?

Im rechten Moment sich sicher sein, das Außergewöhnliche tun, einen hohen Einsatz wagen – auch das gehört zum Glauben!

Führen lassen und *eigene Schritte gehen!*

Beides also gehört zusammen, wenn wir es mit dem Glauben versuchen: Warten können und aktiv werden, sich führen lassen und eigene Schritte tun! Ich finde, so geht es doch in unseren Lebensentscheidungen auch zu! Und auch wir haben das zusammenzubringen: Uns der Hand Gottes überlassen und gleichzeitig im rechten Zeitpunkt das Nötige in die Hand zu nehmen. Ich meine, da könnten wir einiges lernen aus der alten Geschichte.

Der größere Rahmen

Eure Bilderfolge endete mit dem Bild von der glücklichen Familie. Diese Familiengeschichte ist in der Bibel in einen viel größeren Rahmen gestellt. Ruth wird die Urgroßmutter des Königs David. Und so ist sie ein Glied geworden im Stammbaum Jesu Christi. Wo wir eben ein persönliches Schicksal und menschliche Glaubenserfahrungen und manches allzu Menschliche sehen, da tut Gott sein großes Werk. Unsere Entscheidungen, unsere Lebensschritte dürfen dazu beitragen.

Die Werke der Barmherzigkeit

Ein Fest mit einem Familiengottesdienst und einem Stationenlauf zu Matthäus 25,31–40

bearbeitet von Ulrich Glatzle *und dem Kinderkirchhelferkreis der Stadtkirche Stuttgart-Vaihingen*

Zum »Kindergottesdienstfest«:

Ein Kindergottesdienstfest der Stadtkirchengemeinde Stuttgart-Vaihingen hat seit Jahren eine gute Tradition.
Gefeiert wird es jährlich als eine Art Auftakt und »festliche Eröffnung« des Kindergottesdienstes nach den Sommerferien. Kinder, Eltern sowie die ganze Gemeinde ist zu diesem Fest ins Ferienwaldheim eingeladen. Zwischen dem Familiengottesdienst und dem Spielen am Mittag wurde ein einfaches Mittagessen angeboten.

Zum Familiengottesdienst:

In der Mitte des Gottesdienstes stehen Gruppenarbeiten und anschließende Gruppenberichte zu Matthäus 25,31–40. Mit Hilfe von Symbolkärtchen, die beim Betreten des Gottesdienstraumes an die Teilnehmer ausgeteilt wurden, erfolgte die Gruppeneinteilung (dieselben Gruppen gingen auch nachmittags miteinander zum Stationenlauf!).

Die Aufgabenstellung der einzelnen Gruppen steht im Gottesdienstentwurf unter der Nr. 7. Die Gruppenphase darf von der zeitlichen Planung her nicht zu knapp bemessen werden (mindestens 30–45 Minuten).
In dem weiteren Gottesdienstverlauf werden dann Erfahrungen, Gesprächsanstöße, Bilder, Anspiele usw. aus den Gruppenarbeiten eingebracht. Wichtig für die Vorbereitung des Gottesdienstes ist die Organisation der Gruppenräume sowie das Bereitstellen der zur kreativen Beschäftigung benötigten Materialen (siehe hierzu unter Nr. 8).

Sollte die Fülle der aus den Gruppenphasen mitgebrachten Bausteine den Rahmen des Gottesdienstes sprengen, kann ruhig manches für den Nachmittag aufbewahrt werden. Mit dem »Überschuß« aus dem Gottesdienst läßt sich ein gemeinsamer Festabschluß feiern, der den inhaltlichen Bogen durch den Tag aufnimmt. Vielleicht planen Sie hierfür auch ganz bewußt das eine oder andere Element aus dem Gottesdienst ein (vergleiche auch II c, Seite 38).

I. Familiengottesdienst »Die Werke der Barmherzigkeit«

(Matthäus 25,31–40)

1. Austeilen der Symbolkärtchen zur Gruppeneinteilung
2. Vorspiel
3. Begrüßung

4. *Lied:* »Hell strahlt die Sonne, der Tag ist erwacht«
(z. B. in: »Die Fontäne. Ein Liederbuch für Leute unterwegs«, Nr. 118. Hrsg. O. Schweizer und K. Häberle, Schriftenniederlage des Evang. Jugendwerks in Württemberg, Stuttgart)

5. *Eingangsgebet*

6. *Lied:* »Einer, der sein Kleid abgibt«, LfJ 691a

7. *Die Werke der Barmherzigkeit* – Textlesung: Matthäus 25,31–40
Kurze Einführung zum Thema

8. *a) Einteilung der Gottesdienstteilnehmer in verschiedenen Werkgruppen* (mit Hilfe der vor Gottesdienstbeginn verteilten Symbolkärtchen; Auseinandergehen in die verschiedenen Gruppenräume)

b) Vorstellen der »Werkstattangebote« in den Arbeitsgruppen:
Ziel der Arbeitsgruppen: Was bedeuten diese Werke der Barmherzigkeit, die Jesus zum Maßstab für den »Wert« eines Lebens macht, für uns heute? (zum Beispiel: Wo bekommen wir heute »Durst« zu spüren, zu sehen ... Wie gehen wir damit um?)

Vorgeschlagene Methoden:

Es werden ganz bewußt mehrere methodische Angebote gemacht, damit sich jede Gruppe entweder auf eine Arbeitsweise einigen bzw. sich bei großer Zahl auch mit verschiedenen kreativen Methoden beschäftigen kann.
Jede Arbeitsgruppe kann nun zu ihrem Thema:
- Stegreifszenen erfinden und spielen
  (eine Szene wird anschließend im Plenum vorgeführt);
- Beispielgeschichten ausdenken
  (man kann die beste Geschichte dann im Saal erzählen);
- Malen: ein großes Gemeinschaftsbild, gemalt als Wandfries auf einer Tapetenrolle (Plakatfarben) und/oder Einzelbilder (Wachskreide, Filzstifte ...)
  (die Bilder werden anschließend im Gottesdienstraum aufgehängt);
- Ein Beispiel zum Thema der Gruppenphase als Diareihe malen. (Zur Herstellung selbstgefertigter Dias siehe in dem Band »Komm, wir suchen Bethlehem«, Seite 19ff. Herausgegeben von Andreas Weidle, Verlag Junge Gemeinde, Stuttgart 1987.)
  Es ist zu überlegen, ob die Vorführung einer Diareihe nicht der gemeinsame Abschluß nach dem Stationenlauf am Nachmittag sein könnte ...
- Gesprächsrunde: Erfahrungsaustausch (Einer nennt kurz das Wichtigste aus der Gesprächsrunde im Rahmen der Gruppenberichte.)

Zur Vorbereitung:

In jeder Arbeitsgruppe sollte eine Bibel vorhanden sein. Außerdem ist zu prüfen:
- Sind genügend Räume vorbereitet (Tische zum Arbeiten)?
- Liegen die Bastelmaterialien bereit: Papier, Tapete, Plakatfarben, Wachsstifte, Diarähmchen, Filzstifte, Transparentpapier ...?
- Muß die Aufgabenstellung und die Auflistung der vorgeschlagenen Methoden jeder Gruppe auf einem Arbeitsblatt mitgegeben werden?

9. *Wieder im Plenum:*
Ein Kanon zum Singen und Tanzen: »Laßt uns miteinander . . .«

Laßt uns miteinander singen, beten, loben den Herrn

Bewegungsform:
1. Zeile:
Kreis, Hände fassen, links herum gehen (zügig!)
2. Zeile:
Das gleiche rechts herum.
3. Zeile:
Zwei Takte zur Kreismitte gehen, dabei gefaßte Hände vorwärts nach oben führen;
zwei Takte wieder zurück.
4. Zeile:
Am Platz in die Hände klatschen.
Kanon:
Vier Kreise; jeder Kreis setzt mit Singen und Bewegung im Kanon ein.

Text und Melodie mündlich überliefert

10. *Gruppenberichte:*  

11. *Lied:* »Brich mit dem Hungrigen dein Brot . . .«, LfJ 689 a

12. *Gruppenberichte:*  

13. *Kanon:* »Der hat sein Leben am besten verbracht, der die meisten Menschen hat froh gemacht«, LfJ 693

14. *Gruppenberichte:*  

15. Lied: »Liebe deinen Nächsten wie dich selbst«

1. Einer: Ich bin hungrig gewesen und ihr, habt ihr mich gespeist?

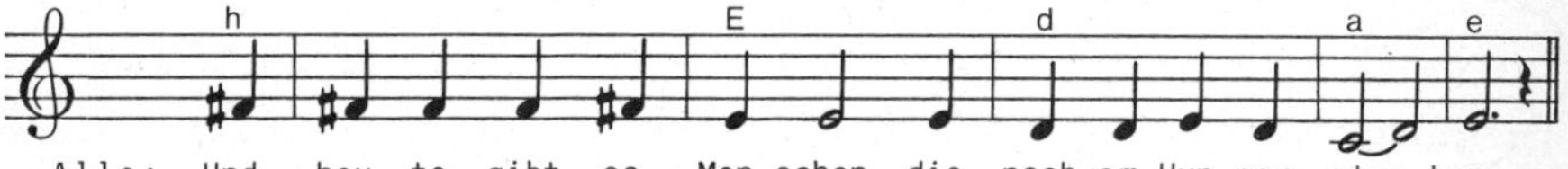

2. E. Ich bin durstig gewesen, und ihr, habt ihr mich getränkt?
   A: Und heute gibt es Menschen mit durstig trock'nen Kehlen.
3. E: Ich bin ein Fremdling gewesen, und ihr, habt ihr mich beherbergt?
   A: Und heute gibt es Menschen, die ewig Fremde bleiben.
4. E: Ich bin nackt gewesen, und ihr, habt ihr mich bekleidet?
   A: Und heute gibt es Menschen, die ohne Kleidung frieren.
5. E: Ich bin krank gewesen, und ihr, habt ihr mich besucht?
   A: Und heute gibt es Menschen, die krank sind und alleine.
6. E: Ich bin gefangen gewesen, und ihr, seid ihr zu mir gekommen?
   A: Und heute gibt es Menschen, die im Gefängnis warten.

Text (nach Matth. 25,21–40) und Melodie: Christoph Weller, Stuttgart

16. Gebet/Vaterunser

17. Lied: »Vergiß nicht, zu danken . . .«, LfJ 650

18. Abkündigungen/Ansagen

19. Segenslied und Segen

Ihr, ihr könnt nun gehen im Frieden

Verse: 2. ... sprechen im Namen des Herrn ...
3. ... handeln im Namen des Herrn ...
4. ... helfen im Namen des Herrn ...
5. (wie 1.)

Text: Klaus Middel;
Melodie: Paul Gerhard Walter.

20. Nachspiel

II. Ein Stationenlauf zu den »Werken der Barmherzigkeit«

a) Zum Stationenspiel:

Der folgende Vorschlag für einen Stationenlauf reizt zum Nachmachen, zum Selbererfinden und Weiterentwickeln eines solchen Spieles!
Manche Aufgaben können anderen Gemeinden nur als Anregung dienen und müssen auf die jeweils eigene Gemeindesituation hin verändert werden. Der Stationenlauf war ein Wald-Spiel, das mit ein wenig Phantasie auch im Saale stattfinden könnte (Regenalternative planen!).
Der »Lauf« (es geht um keinen Wettlauf!) war organisiert und gestaltet nach den sechs »Werken der Barmherzigkeit« (Matthäus 25,31–40), wobei die Verbindung der Mitmachaktionen zum Bibeltext zum Teil rein assoziativ, manchmal aber auch vertiefend und weiterführend war.
Die Aufgaben der einzelnen Stationen wurden so gestellt, daß einmal die Kinder, einmal die Eltern besser mit ihnen zurecht kamen.
Die zum Teil schwierigen Quizfragen »mußten« nicht gelöst werden. Sie sollten zum Weiterdenken anregen und auch Spaß machen!

b) Zur Durchführung:

Die Mitspieler wurden in sechs gleich starke und vom Alter her gut gemischte Gruppen eingeteilt (zum Beispiel mit den Symbolkärtchen zu den einzelnen »Werken der Barmherzigkeit«, siehe Seite ...; oder man bleibt in den Gruppen vom Familiengottesdienst vom Vormittag!)
Jede Gruppe wurde mit einem »Laufzettel« auf den »Weg der Barmherzigkeit« geschickt, wobei der Weg als solcher als »Rundweg« organisiert war: Alle Gruppen starten gleichzeitig jeweils an ihrer eigenen Station und ziehen von dort aus nach Erledigung der Aufgabe weiter.
Die einzelnen Stationen wurden von den Mitarbeitern rechtzeitig aufgebaut und während des Spieles betreut. Materialien für die einzelnen Stationen müssen überlegt und bereitgelegt werden (siehe zum Spielplan).
Die Aufgabenzettel werden an jeder Station ausgegeben.

c) Ein gemeinsamer Abschluß

Nach dem Stationenlauf und als Abschluß des Kindergottesdienstfestes kann man miteinander die selbstgestalteten Dias zu den einzelnen Werken der Barmherzigkeit anschauen (aus den Gottesdienstgruppen vergleiche Seite 35) das eine oder andere Lied aus dem Gottesdienst miteinander singen und eventuell mit dem Lied »Wo ein Mensch Vertrauen gibt ...«, LfJ 681 a; das Fest beenden.

STATION 1

Hungrigen zu essen geben

1. Sie bekommen einige eßbaren Dinge zu riechen – raten Sie, was das ist!
2. »Gerecht« zu teilen ist nicht leicht
   – hier bekommen Sie etwas zu knabbern; verteilen Sie es untereinander.
3. Sie bekommen einen Joghurtbecher für die Gruppe. Der jüngste Gruppenteilnehmer oder ein anderes Kind, das möchte, füttert diesen Joghurt einem älteren Teilnehmer. Guten Appetit!
4. Unten am Joghurtbecher steht, wie es weitergeht.
5. Suchen Sie unterwegs im Wald »Eßbares«, und zeigen Sie es bei der nächsten Station. Lassen Sie sich ruhig Zeit beim Suchen.

STATION 1

Hungrigen zu essen geben

Mitarbeiter-/Material-Informationsblatt

Zu 1: Richten Sie sich entweder einen »Riechsack«, in dem Sie verschiedene, duftende Lebensmittel (Gewürze, frisches Brot, Obst, Gemüse...) bereit haben. Mit verbundenen Augen darf nun reihum gerochen und geraten werden.
Sie können aber auch Ihre »Duftstoffe« in einen verschlossenen Schuhkarton legen, in dem nur eine »Nasenöffnung« ausgespart ist...

Zu 2: Wenn Sie Kekse austeilen, dann achten Sie bitte darauf, daß die Zahl der ausgeteilten Knabbereien nicht mit der Zahl der Gruppenteilnehmer übereinstimmt... Übrigens: Haben Sie Kekse (Laufzettel!) besorgt?

Zu 3: Sie müssen einen Joghurt pro Gruppe bereithalten. Die Joghurtbecher selbst müssen vorher mit einem Hinweis für die nächste Station präpariert werden, den Sie am besten auf die Unterseite des Joghurtbechers kleben. Denken Sie bitte auch an die Löffel...

STATION 2

Durstigen zu trinken geben

1. Für Ihren Laufzettel brauchen Sie ein Land aus der dürren Sahelzone. Hier können Sie dazu eine Karte studieren!
2. Suchen Sie hier in der Nähe eine »Getränkequelle«.
3. Das jüngste Mädchen, das möchte, darf als erste trinken und dann den anderen aus der Gruppe zu trinken anbieten.
4. Füllen Sie die leere Flasche mit möglichst sauberem Wasser aus dem Bach, und bringen Sie diese voll wieder zum Ziel.
5. Auf dem Flaschenboden steht, wie es weitergeht.

STATION 2

Durstigen zu trinken geben

Mitarbeiter-/Material-Informationsblatt

Zu 1:
Eine Afrikakarte bereit halten (Materialien-Infos gibt es bei »Brot für die Welt«!).

Zu 2–4:
Sie verstecken pro Gruppe eine Flasche mit einem Getränk (Apfelsaft, Sprudel...).
Überlegen Sie, ob Sie Röhrchen oder Pappbecher bereithalten.
Die Flaschen müssen mit der Wegbeschreibung für die nächste Station präpariert sein. Am besten schreiben Sie diese auf ein Haftetikett und kleben es auf den Boden der Flasche.
Machen Sie die Gruppenteilnehmer nachdrücklich auf die vierte Aufgabe aufmerksam. Sie dient letztendlich auch dazu, daß die Flasche nicht irgendwo im Wald landet, sondern zurückgegeben werden kann.

STATION 3

Fremde aufnehmen

1. Ein »Fremder hat sich in der Nähe im tiefen Gebüsch schlafen gelegt. Suchen Sie ihn.
2. Der Fremde gibt die Aufgaben für ein Quiz.
3. Wenn Sie das Quiz gelöst haben, sagt der »Fremde« Ihnen den Weg.
4. Suchen Sie gleich in diesem Waldstück weiter nach etwas Lebendigem, und zeigen Sie es in der nächsten Station.
   Dort wieder frei lassen.

STATION 3

Fremde aufnehmen

Mitarbeiter-/Material-Informationsblatt

Zu 1:
Der »Fremde« hat sich im Gebüsch versteckt und darf sich ruhig ein wenig verkleiden ...

Zu 2:
Einen Vorschlag für ein Quiz zum Thema »Fremde« finden Sie als Anlage 2 auf der Seite...
Denken Sie an genügend »Quizblätter« (eines pro Gruppe) und an Bleistifte, Kugelschreiber...

Zu 3:
Wer die eine oder andere Aufgabe des Quiz nicht lösen kann, der kann ja den »Fremden« fragen. Fremde sind behilflich und wissen weiter.

STATION 4

Nackte bekleiden

1. Versuchen Sie, in bereitliegenden Säcken ein Stück zu hüpfen oder zu gehen.
2. Aus welchen Ländern stammen diese Kleidungsstücke:

Kimono	Fes	Jeans
Sombrero	Dirndl	Toga
Mokassins	Espadrilles	Turban
Holzpantoffel	Kilt	Poncho
Anorak	Bolero	Burnus
Sari	Baskenmütze	

3. Bis zur nächsten Station tauscht jedes Gruppenmitglied ein Kleidungsstück mit einem anderen aus der Gruppe aus.
4. Unterwegs schmückt jedes ein anderes Gruppenmitglied mit etwas aus der Natur (sie brauchen nicht den Wald zu plündern! Das soll keine vollständige Naturbekleidung sein, sondern Schmuck).

STATION 4

Nackte bekleiden

Mitarbeiter-/Material-Informationsblatt

Zu 1:
Genügend Säcke zum Sackhüpfen bereitlegen.

Zu 2:
Weiß der Mitarbeiter die Lösung und kann Antwort geben?
Denken Sie daran, Sie müssen der Gruppe noch den weiteren Weg sagen oder zeigen.

STATION 5

Kranke besuchen

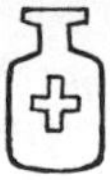

1. Am Weg liegt ein »Kranker« – tragen Sie ihn bis zum nächsten »Krankenhaus« (Schutzhütte).
2. Vom Rest der Gruppe trägt jeder eine andere Person dieselbe Strecke.
3. Im »Krankenhaus« wird der »Kranke« gesund und kann Ihnen die Fortsetzung des Weges sagen.
4. Er gibt Ihnen ein Kreuzworträtsel mit, damit Sie seine »Krankheit« herausbekommen und in Ihren »Laufzettel« eintragen können.

STATION 5

Kranke besuchen

Mitarbeiter-/Material-Informationsblatt

Zu 1:
Der »eingebildete Kranke« ist ein Mitarbeiter, der sich von zwei Gruppenteilnehmern ins »Krankenhaus« tragen läßt. Das Krankenhaus kann eine Schutzhütte am Wege, eine Waldbank oder ein vorbereiteter markierter Ort sein.
Der »Kranke« muß der Gesamtgruppe die Anweisung geben, daß sie den Weg zum »Krankenhaus« von Ort und Stelle aus mitverfolgt (mit den Augen), aber nicht mitgeht: Wegen der zweiten Aufgabe!

Zu 4:
Ein Kreuzworträtsel finden Sie in der Anlage 3, Seite 43
Haben Sie es in genügender Zahl abgeschrieben, vervielfältigt, parat? Das Lösungswort muß in den »Laufzettel« eingetragen werden.

STATION 6

Gefangene besuchen

1. Vor Ihnen ist eine Absperrung – denken Sie sich, es wäre eine alte Festung mit nur einem kleinen Schlupfloch hinab ins Verlies, ins Gefängnis!
   Wie viele Teilnehmer aus der Gruppe können dort hindurchkriechen?
2. Wer hindurchkommt, kann den Gefangenen befreien und seine Fesseln lösen.
3. Der Befreite gibt Ihnen ein Quiz über Gefangenenhilfe.
4. Wenn Sie miteinander das Quiz gelöst haben, weiß der Befreite, wie es weitergeht.
5. Versuchen Sie, unterwegs aus Naturprodukten des Waldes miteinander ein Seil herzustellen (lassen Sie sich ruhig Zeit dazu)
   – und lassen Sie es in der nächsten Station testen.

STATION 6

Gefangene besuchen

Mitarbeiter-/Material-Informationsblatt

Zu 1:
Aus Gestrüpp, Reisig, gefällten Bäumen... haben Mitarbeiter eine Absperrung errichtet oder gar ein kleines Lager aufgebaut. Nur eine kleine Öffnung führt in das Lager hinein. Im Lager selbst ist ein Mitarbeiter als Gefangener an einen Baum gefesselt (bei uns war das eine Kiefer, das ist für den Laufzettel wichtig!).
Zu 2:
Da der Mitarbeiter für jede Gruppe wieder erneut gefesselt am Baum stehen muß, setzt dies entweder voraus, daß die Gruppenmitglieder nach der Befreiung ihren Befreiten wieder fesseln. Besser wäre, diese Station mit mindestens zwei Mitarbeitern zu besetzen.

Zu 3:
Das Quiz über Gefangenenhilfe (siehe Anlage 4, Seite 43) ist schwierig. Die Mitarbeiter dieser Station sollten Bescheid wissen!

Anlage 1

„Laufzettel zum Waldspiel (kein Wettlauf! Laufen Sie ruhig, so daß Sie nebenher auch noch die Schönheiten des Waldes anschauen können!)

1) Was haben Sie zum Essen verteilt?

K	E	K	S	E

2) Ein Land aus der dürren „Sahelzone“:

M	A	L	I

3) Urlaubsland, aus dem es in Vaihingen 80 Gastarbeiter gibt:

S	P	A	N	I	E	N

4) Kleidungsstück gegen Kälte:

H	A	N	D	S	C	H	U	H	E

5) Krankheit des Getragenen:

F	A	U	L	H	E	I	T

6) Baum, an dem der Gefangene gefesselt war:

K	I	E	F	E	R

Lösungswort (senkrecht): der „Schatz“ einer Familie

Anlage 2

Quiz: Fremde

1) Viele von uns essen gerne auch einmal ausländische Spezialitäten. Aus welchen Ländern kommen diese:

Pizza	Dänemark
Schaschlik	Türkei
Bambussprossen	Indonesien
Kebab	Spanien
Michou	Jugoslawien
Nasi-goreng	China
Tortilla	Italien
Smörebröd	Frankreich

2) In welchem Teil von Vaihingen leben die meisten Ausländer (1223)?

3) Ausländer zahlen durchschnittlich höhere Mieten als Deutsche. Dies hat die Stadt Stuttgart errechnet (obwohl sie meist in schlechter Lage wohnen). Wieviel % müssen sie mehr bezahlen? – Schätzen Sie:

4) Aus welchem Land kommen folgende Vornamen?

Stelios	England
Niger	Portugal
Milovan	Türkei
Joêo	Griechenland
Antonio	Frankreich
Jeanette	Spanien
Ines	Italien
Tom	Jugoslawien

5) In Vaihingen sind besonders folgende Nationen vertreten:
( ) Griechen, ( )Italiener, ( )Jugoslawen, ( )Spanier, ( ) Türken
Welche Nation ist am häufigsten vertreten? Schreiben Sie dazu eine (1), bei der zweitgrößten Gruppe eine (2) usw. bis (5).

6) Bis zu welchem Lebensjahr dürfen Kinder von Ausländern, die bei uns arbeiten, zu ihrer Familie in die Bundesrepublik zuziehen?

7) Aus welchen Ländern stammt folgende Musik:

Flamenco	Bayern
Chanson	Spanien
Walzer	Schweiz
Sirtaki	Frankreich
Alphorn	Griechenland
Schuhplattler	Österreich

8) Wenn Sie im Urlaub gerne bergsteigen, wo finden Sie dann diese Berge?

Gran Sasso	Schweiz
Montblanc	Türkei
Olymp	Sizilien
Ararat	Frankreich
St. Gotthardt	Italien
Ätna	Griechenland
Großglockner	Österreich

Anlage 4

Quiz: Gefangenenhilfe – amnesty international

1) Welche der folgenden Rechte gehören zur »Allgemeinen Erklärung der Menschenrechte«, die von allen Mitgliedstaaten der Vereinten Nationen unterschrieben ist:
   (x) Recht auf Freiheit und Sicherheit der Person
   (x) Recht auf Schutz vor willkürlicher Verhaftung
   (x) niemand darf in erniedrigender Weise behandelt werden
   (x) Anspruch auf Gedankenfreiheit
   (x) Schutz von Privatleben und Heim
   (x) Recht auf freie Meinungsäußerung

   Zutreffendes bitte ankreuzen

2) Wann wurde »amnesty international« gegründet?
   1525 1870 1918 1941 1946 **1961** 1979 1983

3) Für welche Gefangenen setzt sich amnesty international hauptsächlich ein?
   Bitte ankreuzen:
   (x) politische Gefangene
   (x) verschwundene Gefangene
   ( ) wegen Diebstahls verurteilte
   (x) gefolterte Gefangene
   (x) Gefangene ohne Gerichtsurteil
   ( ) politische Gewalttäter
   (x) wegen Streiks Gefangene

4) Das alte Israel freute sich über seine Befreiung aus der ägyptischen Sklaverei und dankte dafür Gott.
   a) Was mußten sie damals für ihre Unterdrücker tun?
   ( ) Paläste bauen ( ) Landwirtschaft ( ) Pyramiden bauen
   (x) Ziegel herstellen ( ) Körbe flechten ( ) Schiffe rudern
   b) Wie heißt das Fest, das die Juden heute noch jedes Jahr zur Erinnerung an ihre Befreiung aus der Gefangenschaft feiern?
   ( ) Massada, ( ) Purim, (x) Passah, ( ) Jerusalem, ( ) Tora

5) Wie hilft amnesty international politischen Gefangenen?
   (x) Information der Öffentlichkeit
   ( ) Überfälle auf Gefängnisse
   (x) Beobachter bei Gerichtsverhandlungen
   ( ) Lösegeld
   (x) Kosten für Rechtsanwälte
   (x) Medikamente
   (x) Bittschriften
   (x) Besuch in Gefängnissen
   ( ) Raubüberfälle
   (x) Beihilfe z. Lebensunterhalt
   ( ) Waffenschmuggel in Gefängnisse
   (x) Proteste

6) In der Bundesrepublik gibt es verschiedene Organisationen, die sich hier um Gefangene und Strafentlassene bemühen. Bitte ergänzen Sie diese Namen (Beispiele):
   Verein Straffälligenh . . . .
   Haus A . . . . in Mössingen
   Gefangenenseels . . . .
   S . . . . . beratung Stuttgart
   Verein B . . ä . . . . . shilfe
   Sch . . . . . . Kreuz

Anlage 3

				F	U	E	S	S	E	Welche Körperteile hätte der „Kranke" gebrauchen müssen, um Ihnen das Tragen zu ersparen?
A	N	O	R	A	K					Was hatte der „Kranke" als Oberbekleidung an?
	S	C	H	U	H	E				Was hatte der „Kranke" an den Füßen an?
S	C	H	A	L						Was wickelt man bei Erkältung um den Hals?
				H	A	L	S			Wo kann man Angina sehen?
	R	O	T	E	K	R	E	U	Z	Bekannte Organisation für Erste Hilfe
			F	I	E	B	E	R		Was mißt man bei Kranken mit dem Thermometer?
				T	R	A	G	E		Worauf wird normalerweise ein Kranker transportiert?

Schreibt das Lösungswort als „Krankheit" bei 5) in euren Laufzettel

Was Hände können – ohne Hände handeln

Eine Spielstraße, Lieder und ein Gebet für Gemeindefeste und andere Gelegenheiten

zusammengestellt von ANDREAS WEIDLE

Vorbemerkungen:

a) Die Spiele, Lieder und Bausteine lassen sich benützen

- als Angebot bei einem Gemeindefest: Alte und Junge bilden zusammen eine Gruppe und gebrauchen miteinander ihre Hände;
- oder im Anschluß an einen Familiengottesdienst zu Thema;
- oder bei einem Kindergottesdienstfest, Gemeindeausflug, Kirchplatzfest . . .

b) Es ist sinnvoll, aus den Spielen auszuwählen, eine Spielstraße aufzubauen und jeder Mannschaft einen Laufzettel mitzugeben, auf dem die Spielstationen angegeben sind.

c) Der zweite Abschnitt »ohne Hände handeln« (II) eignet sich nur bedingt für einen Wettkampf. Aber die Spiele helfen schnell zum Nachdenken.
Die gemeinsamen Lieder (III) zum Thema können die Spielstraße eröffnen und abschließen. »Für Hände danken« (IV) kann man gerade auch nach einer Spielstraße: Man hat etwas miteinander erlebt und bringt dieses Erleben vor Gott.

I. Was Hände können – Spielstraße

1. Mit Händen rechnen *Tasten*
Münzen ertasten (Betrag blind zusammenzählen).
Material: Augenbinde – verschiedene Münzen.

2. Zeitungsreißen *Geschicklichkeit*
Jedes Mannschaftsmitglied bekommt einen Zeitungsbogen und muß in max. 4 Min. möglichst lange Streifen reißen und aneinanderlegen. Gesamtlänge durch Teilnehmerzahl ergibt die Wertung.
Material: Zeitungen – Metermaß – Uhr

3. Weitflug *Basteln*
Jedes Mannschaftsmitglied bastelt in maximal 10 Minuten einen Papierflieger.
Jeder hat einen/zwei Flugversuche.
Größte Weite zählt.
Material: Papier – Metermaß

4. Ruhige Hand *Geschicklichkeit*
Auf einer leeren Flasche sind abwechselnd so viel Streichhölzer wie möglich zu stapeln. – Zeit: 3 Minuten
Material: Leere Flasche – Streichhölzer

5. Nageln *»Schlagen«*
Jede Gruppe soll mit maximal 15 Schlägen möglichst viele Nägel in einen Balken schlagen.
Material: Balken – möglichst lange Nägel – Hammer

6. Bälle werfen *Werfen*
Tischtennisbälle auf Lochwand mit verschieden großen Löchern werfen.
Material: Lochwand aus Karton (z. B. Clowngesicht) – Tischtennisbälle

7. Indiaka *Spielen*
Ball zehnmal über die Schnur, ohne daß er den Boden berührt.
Material: Indiaka – Schnur

8. Rasieren *Geschicklichkeit*
Zwei Luftballone aufblasen, mit Rasierschaum einschäumen und mit Rasierapparat rasieren.
Material: Luftballon – Rasierschaum – Rasierpinsel – Rasierapparat

9. Turmbau *Bauen*
Ca. 25 Kartons (evtl. Sitzhocker oder aus Supermarkt) aufeinanderstapeln und möglichst hoch aufbauen.
Wertung: Mindestens 10 bis 15 müssen aufeinander sein.
Material: ca. 25 Kartons

10. Wassertransport *Tragen*
Jeder Mitspieler darf mit seinen bloßen Händen zweimal Wasser holen und dieses Wasser – evtl. über einen kleinen Hindernisweg transportieren – und dann in einen Eimer leeren.
Die Wassermenge im Eimer zählt!
Material: Gefäß mit Maßeinheiten (evtl. Meßbecher) – Putzlumpen!

11. Schreibspiel *Schreiben*
In möglichst kurzer Zeit sind die Zahlen auf einem Ausmalbild in der richtigen Reihenfolge so zu verbinden, daß ein Bild daraus entsteht.
Material: Auf Seite 4 von DER JUGENDFREUND finden sich immer wieder solche Zahlenbilder.

12. Schubkarren fahren *Zusammenarbeit*
Zu zweit »lebendige Schubkarren« bilden und eine abgesteckte Strecke auf Zeit »fahren«.

13. Mit den Händen reden *Reden*
Eine/einer aus der Gruppe bekommt einen Begriff zugeflüstert – z. B. einen Tiernamen – und muß diesen Begriff der eigenen Gruppe mit den Händen »erklären«. Die Gruppe rät auf Zeit.

14. Mit Händen »sehen« *Sehen*
Mit verbundenen Augen eine Person (Mitarbeiter) ertasten und erkennen.
Material: Augenbinde

II. Spielideen

a) Ohne Hände handeln

1. Einen Apfel, der in einer Schüssel auf dem Wasser schwimmt, mit den Händen auf dem Rücken essen.
2. Einen Ball/Streichholzschachtel mit den Beinen weitergeben (Staffette)
3. Eine Tafel Schokolade mit den Händen auf dem Rücken öffnen und teilen.
4. Mit den Füßen oder dem Mund ein Gedicht schreiben/Bild malen.
5. Einander begrüßen
Stummfilmszene ohne Hände (!) spielen.

b) Was Hände erzählen können:

»Hand-Theater«
Zwei Decken werden übereinander so aufgehängt, daß jemand dahinter stehen und gleichzeitig seine Hand zwischen beiden Decken durchstrecken kann. (Am einfachsten spannt man die Decken in einen Türrahmen!)
Nun beginnt das Theater.
– Hände durchstecken und raten lassen: Wer gehört zu welcher Hand? Dabei ist auf Kleinigkeiten zu achten. Ist es eine alte, eine junge Hand? Erzählt evtl. ein Pfla-

ster von dem, der sich verletzt hat? Kann man eine Jungen- und eine Mädchenhand unterscheiden?
Als Hilfestellung kann auch jede Hand mit einer Bewegung zeigen, was sie gerne tut.

– »Heiteres Beruferaten« mit typischen Handbewegungen, die in der Kleingruppe überlegt und ausprobiert werden.
In der Großgruppe wird die Gruppe zwei oder drei Handbewegungen vormachen und raten lassen.

III. Mit den Händen »singen«

(Nach einer Idee von Wolfgang Longardt aus »Spielbuch Religion II«, 1981, Seite 97)

Mögliche Bewegungen

»Ich hab eine Hand . . .«	eine Hand hochstrecken
»du hast eine Hand . . .«	auf einen anderen zeigen
»sind wir uns schon gut bekannt . . .«	demjenigen die Hand geben
»die erzählt von mir . . .«	auf sich zeigen
»die erzählt von dir . . .«	auf einen anderen zeigen
»und zusammen singen wir.«	sich rechts und links an der Hand fassen
»Hände, Hände, Händen haben wir . . .«	gemeinsam die Arme hochstrecken

Lied mit spontanen Handbewegungen

Melodie: Ulrich Gohl

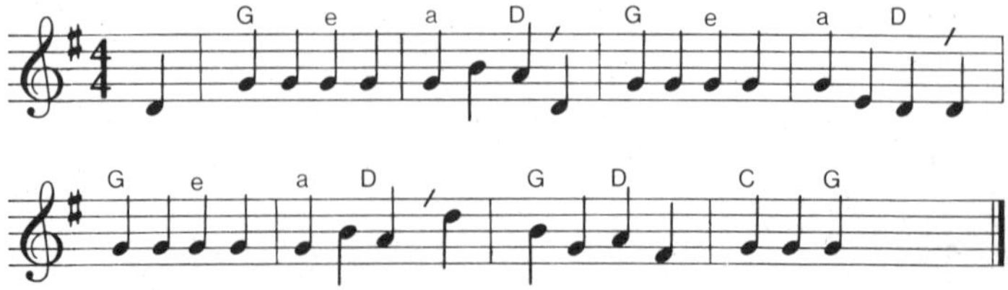

Zu der angegebenen Melodie von Ulrich Gohl können Verse in folgender Verteilung gesungen werden:

Bub: Wenn einer einmal ärgert sich,
Mädchen: Wenn eine einmal ärgert sich,
Alle: Wenn einer einmal ärgert sich,
dann macht er so mit seiner Hand:

Jedes Kind macht spontan eine Handbewegung. Die Bewegungen dürfen ruhig verschieden sein.

2. Wenn einer einmal ist voll Spott . . .
3. Wenn einer einen Menschen mag . . .
4. Wenn einer einmal neidisch ist . . .
5. Wenn zweie einmal streiten sich . . .
6. Wenn einer einmal aufgeregt . . .
7. Wenn einer einmal ängstlich ist . . .

Text: H. T. Buchner

IV: Für Hände danken, mit Händen beten

Einer:	Lieber Vater, du hast uns zwei gesunde Hände gegeben. Dafür wollen wir dir danken. Wir freuen uns, daß wir so viel mit unseren Händen machen können. Einiges davon wollen wir dir jetzt laut sagen:
Kinder:	*(zählen auf . . .)*
Einer:	Du gibst Segen, und wir nehmen ihn aus deiner guten Hand.
Alle singen:	»Du hältst die ganze Welt in deiner Hand . . .«
Einer:	Wir denken aber auch an die Menschen, die keine gesunden Hände haben, die ihre Hände nicht gebrauchen können, weil sie krank sind oder schwach oder alt. Für diese Menschen wollen wir dich bitten. Dir wollen wir laut sagen, an wen wir dabei denken:
Kinder:	*(zählen auf . . .)*
Einer:	Du hast alle Menschen in deiner guten Hand. Wir danken dir.
Alle singen:	»Du hältst die ganze Welt in deiner Hand . . .«
Einer:	Du hast uns zwei gesunde Hände gegeben. Wir bitten dich auch für uns: daß sich unsere Hände zum Guten regen, daß wir das Gute, das wir von dir empfangen haben, weitergeben von Hand zu Hand. Darum wollen wir dich bitten. Amen

Abschluß des Gebets mit dem Vaterunser.

Wo du hingehst, da will ich auch hingehen

Ein Würfelspiel zum Buch Ruth

Helga Mast

Aufgaben zum Würfelspiel

1 Hungersnot in Betlehem. Wer die Zahl 3 oder 6 würfelt, darf weiter.

2 Naemi packt. Eine Runde aussetzen.

3 Warten, bis der Nächste überholt hat.

4 Rasch weiter! Verdoppelung der gewürfelten Zahl.

5 Bald ist das Ziel erreicht. Zähle zu der gewürfelten Zahl 3 dazu.

6 Elimelech stirbt in Moab. Naemi ist allein mit ihren Söhnen. 1 Runde aussetzen.

7 Hochzeitsfest: Machlon und Kiljon heiraten. Noch einmal würfeln.

8 Naemi, Ruth und Orpa sind nach dem Tod Machlons und Kiljons allein. Zuerst eine 4 würfeln, eher geht es nicht weiter.

9 Gehe 7 Felder zurück.

10 Keine Hungersnot mehr in Betlehem. Naemi will zurück. Rücke 3 Felder vor.

11 Ruth und Orpa gehen mit Naemi. Verdoppelung der gewürfelten Zahl.

12 Orpa geht zurück nach Moab. Gehe 5 Felder zurück.

13 Ruth ist fest entschlossen, mit Naemi zu gehen. Würfle noch einmal!

14 Ruth: »Wohin du gehst, dorthin gehe ich auch!« Zähle 3 zu der gewürfelten Zahl dazu!

15 Naemi gibt es auf, Ruth zur Heimkehr zu bewegen. Rücke 2 Felder weiter.

16 Gehe 5 Felder zurück.

17 Naemi und Ruth haben einen weiten Weg hinter sich. Eine Runde zum Ruhen aussetzen.

18 Bald ist Betlehem erreicht. Noch einmal würfeln.

19 Ruth will Ähren sammeln und geht aufs Feld. Rücke 2 Felder weiter.

20 Zur Essenszeit ruft Boas Ruth. Eine Runde aussetzen.

21 Ruth kann Naemi viel Gerste mitbringen. Noch einmal würfeln.

22 Gehe 4 Felder zurück.

23 ZIEL

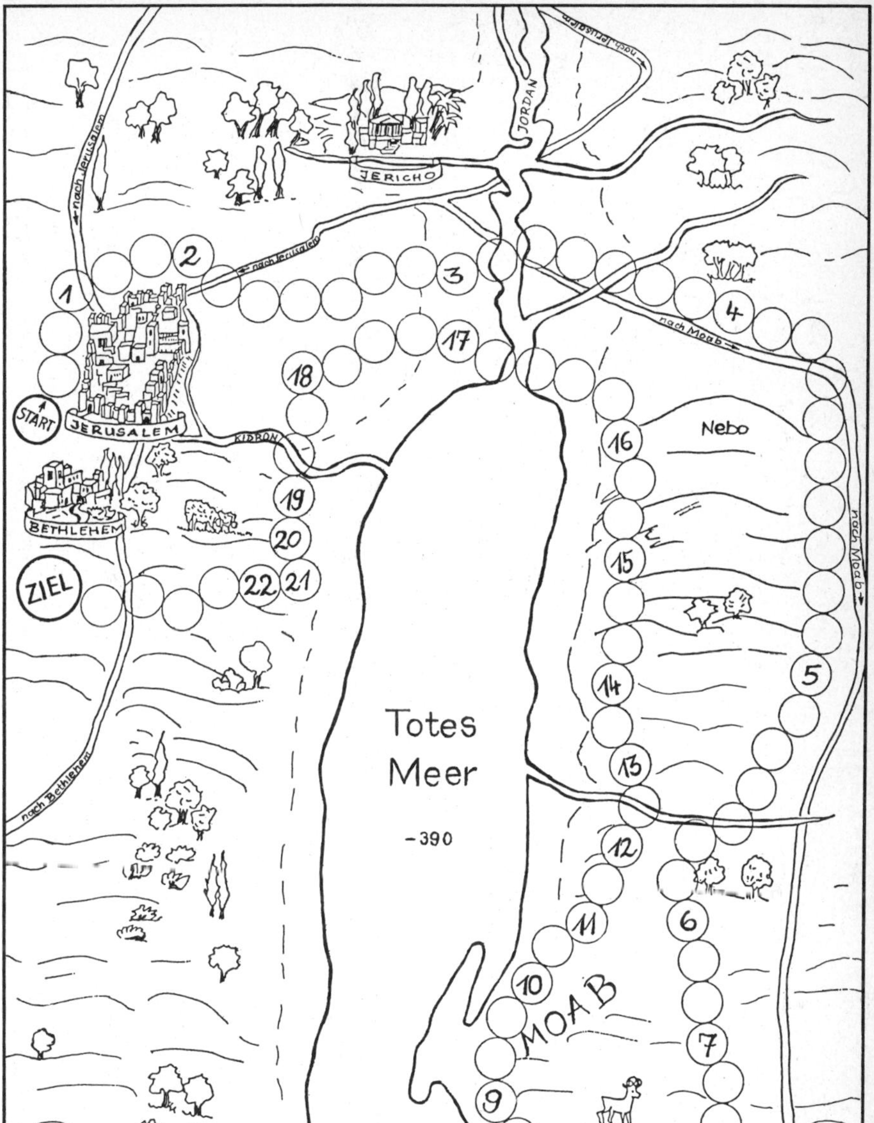
nach Jerusalem
JORDAN
nach Jerusalem
JERICHO
nach Jerusalem
1
2
3
4
nach Moab
START
JERUSALEM
17
18
KIDRON
Nebo
16
BETHLEHEM
19
20
nach Moab
15
ZIEL
22
21
14
5
Totes
Meer
13
nach Bethlehem
-390
12
11
6
10
MOAB
7
9
8

Lebenselement Wasser

Bausteine für einen Familiengottesdienst/Gemeindefest

ECKHARD LANGE

Vorbemerkung:

Im folgenden sind einige Bausteine zusammengetragen, die je nach Planung ausgewählt, ergänzt oder variiert werden müssen. Wir haben sie in einem Familiengottesdienst zum Thema »Lebenselement Wasser« sowie in einem Taufgottesdienst für ältere Kinder, dem ein Ferienkurs »Taufe« vorausgegangen war, erprobt.

1. Begrüßen und Einstimmen

Den Besuchern wird am Eingang ein Glas mit klarem Wasser angeboten, dazu ein Stück süßes Brot. Dabei erzählen wir, daß wir in diesem Gottesdienst über Wasser reden und nachdenken wollen.

2. Gefühle wecken – einige Variationen

Hören und Träumen

Wir haben Wasserbecken und Wasserrinne aufgebaut. Ein Sprecher bittet die Gottesdienstbesucher, die Augen zu schließen und sich ganz darauf einzustellen, was an Geräuschen an ihr Ohr dringt, ihnen in der Phantasie nachzugehen, Erinnerungen aufsteigen zu lassen an eigenes Erleben.

Wasser läuft durch die Rinne, wenig, viel. Es plätschert, rauscht. Einer greift ins Wasser, erzeugt Wellen, läßt es tropfen. Danach nehmen wir uns Zeit zum Nachsinnen, in der Stille oder bei ruhiger Musik.

Je nachdem, was wir uns und der Gemeinde zutrauen in einem solchen Gottesdienst, können wir

— Kleingruppen bilden, die sich erzählen, was sie wahrgenommen haben und welche Erinnerungen ihnen gekommen sind,
— einzelne Gemeindeglieder bitten, ihre Eindrücke spontan zu äußern,
— vorbereitete Texte, die solche Eindrücke schildern, selbst lesen.

Beim Gemeindefest

Hier bieten wir für Kinder und Erwachsene gemeinsam Gruppen an, die im Laufe des Tages Beiträge für den gottesdienstlichen Abschluß vorbereiten:

— Wir lassen uns von den Wassergeräuschen anregen, Eindrücke und Erlebnisse in kurzen Beiträgen zu beschreiben, und lesen diese Texte nachher vor.
— Wir malen auf große Kartons Bilder zum Thema: Was wir Schönes/Interessantes/Aufregendes mit Wasser erlebt haben.
— (siehe dazu weitere Ideen auf Seite 44 ff.)

Fühlen und Spüren

Wir reichen einige Schüsseln mit Wasser durch die Reihen, dazu auch Handtücher, und laden alle ein, ins Wasser zu greifen, es über die Hände laufen zu lassen, sich vielleicht auch Arme und Gesicht damit zu benetzen, das Wasser auf der Haut zu spüren. Danach zu leiser Musik ein vorbereiteter Text, der das Gefühlte in Worte faßt.

Mit Wasserbändern spielen

Vorbereitet sind genügend etwa 80–100 cm lange Bänder, aus blauem Nesselstoff gerissen, die wir an alle Besucher verteilen. Wir bitten sie, zu einer Meditation die Bewegungen des Wassers mitzuvollziehen. Dazu einige Stichworte:
— Wasser ist Urbild des Lebendigen, ist Bewegung.
— Der Wasserspiegel kräuselt sich unter der sanften Gewalt des Windes, Wellen laufen spielerisch dahin.
— Der Wind frischt auf, läßt die Wellen steigen und fallen.
— Sturm peitscht das Wasser . . . legt sich wieder.
— In weiten Wellentälern hebt und senkt sich das Meer.
— Viele Flüsse münden ins Meer, das Wasser fließt ineinander und vereinigt sich.
— Regen rauscht herab.

3. Informationen vermitteln – zum Nachdenken anregen

Collagen: Wo wir überall Wasser brauchen

Im Kindergottesdienst hatten wir uns schon mit dem Thema »Wasser« beschäftigt. Die Kinder haben Bilder gesucht und gemalt, die etwas mit Wasser zu tun haben und daraus einen Wandfries gestaltet. Dieser wird nun angebracht, und wir betrachten ihn. Die Kinder erläutern, was ihnen dabei wichtig war.

Problemanzeige (Text für Sprecher)

A: Auf unserer Erde gibt es unvorstellbar viel Wasser. Riesige Ozeane bedecken zwei Drittel der Erdoberfläche. Aber 97 % aller Wasservorräte sind Salzwasser. Auch vom Süßwasser sind neun Zehntel nicht für uns verfügbar; sie lagern als Eis auf den beiden Polen. Weniger als ein ½ % des Wasservorrats finden wir in den Seen und Flüssen oder als Grundwasser. Aber auch das ist noch unvorstellbar viel. Nur – es ist nicht gleichmäßig verteilt. Viele Teile unserer Erde leiden unter Trockenheit. Da haben wir es besser. Wir haben Süßwasser genug.

B: Bis jetzt jedenfalls! Aber schon wird auch bei uns das Trinkwasser knapp. Das hat viele Gründe:

Immer mehr Regenwasser kann nicht mehr in den Boden eindringen, Häuser, Asphalt und Beton decken das Erdreich zu. Wiesen und Sümpfe werden trockengelegt. Jeder Flußlauf, jeder Bach bald ist begradigt. So fließt das Regenwasser ins Meer, statt zum Grundwasser zu werden.

Auch die Industrie braucht Wasser: zum Kühlen, zur Verarbeitung. Um *ein* Auto herzustellen, werden 380 000 Liter Wasser benötigt. Jeder Haushalt verbraucht mehr als früher: Waschmaschine, Geschirrspüler, die wöchentliche Autowäsche mit dem Gartenschlauch – das alles verschlingt kostbares Naß. Jeder Bundesbürger verbraucht heute täglich etwa 145 Liter – im Jahre 1950 waren es noch 85 Liter. Immer tiefer werden die Grundwasserbrunnen hinabgetrieben. Das hat zur Folge: In vielen Gebieten sinkt der Grundwasserspiegel immer tiefer. Die Oberfläche trocknet aus, Wälder sterben, Quellen versiegen, tiefe Risse durchziehen das Erdreich. Wasser wird knapp.

C: Vor allem sauberes Wasser! Denn immer mehr Schadstoffe geraten nicht nur in Flüsse und Seen, sondern jetzt auch ins Grundwasser. Die Folgen kennen wir: stinkende Gewässer, vergiftete Fische, Gefahren auch für Pflanzen und Tiere. Natürlich gibt es Gesetze zum Schutz des Wassers, aber sie können nur das Schlimmste verhüten. Noch immer gibt es nicht genug Klärwerke. Noch immer wird in der Landwirtschaft zuviel Kunstdünger verwendet. Noch immer ist es für die Industrie billiger, Strafen zu zahlen statt teure Kläranlagen zu bauen. Noch immer kippen wir giftigen Müll ab, ohne daß wirklich sicher ist, daß er nicht das Grundwasser verseucht.
Wasser ist ein kostbares Gut, es ist das wichtigste Nahrungsmittel überhaupt. Es ist ausreichend vorhanden – wenn wir verantwortlich damit umgehen.

D: Wasser ist Gottes gute Gabe. Wo wir das dankbar erkennen, werden wir dieses Geschenk nicht leichtsinnig vergeuden. Wir müssen das wohl erst wieder lernen: über Wasser zu staunen, uns darüber zu freuen. Wir müssen es erst wieder lernen: Gott zu danken für alles, was scheinbar so selbstverständlich ist. Nur dann wird sich etwas ändern, werden *wir* uns ändern. Am Anfang sollte nicht Angst und Sorge stehen, sondern Staunen und Ehrfurcht und das Lob des Schöpfers, der uns so viel schenkt – auch jeden Tropfen klaren, guten Wassers.

Bittgebet zur Sache

Wir können den vorstehenden Text auch als Material für ein Kyrie-Gebet verwenden (Anfänge ändern!). Jeder Abschnitt wird von einem Liturgen mit einer Bitte beantwortet, die die Gemeinde mit einem gesungenen Kyrie aufnimmt:

A: Darum bitten wir dich, Herr, für alle Menschen, die Tag für Tag unter Durst leiden: Laß uns unsere Verantwortung erkennen, daß wir ihnen helfen. Wir rufen dich an: Erbarme dich!

B: Wir bitten dich, Herr: Laß uns sorgsam umgehen mit dem Geschenk des Wassers, damit wir es nicht unnötig vergeuden, sondern acht haben auf deine gute Gabe. Wir rufen dich an . . .

C: Wir bitten dich, Herr: Gib uns die Kraft, umzudenken und auf die Dinge zu verzichten, die unser Wasser gefährden und vergiften. Wir rufen dich an . . .

D: Wir bitten dich, Herr: Laß uns solches Staunen wieder lernen und öffne unsere Herzen für die Wunder deiner Schöpfung. Wir rufen dich an . . .

4. Hilfen zum verantwortlichen Umgang mit Wasser

Hierzu hatten wir ein Flugblatt hergestellt, auf dem Tips und Informationen aufgelistet waren zu den Themen:

— So können wir Wasser sparen.
— So können wir das Wasser sauberhalten.

5. Projektbezug

Wir informieren über ein Entwicklungsprojekt zur Bekämpfung von Wassermangel und sammeln dafür das Dankopfer des Gottesdienstes.

6. Ein Wasser-Lied

Als Zusammenfassung des Gesprächs üben wir ein Lied ein. Die folgenden Verse sind zu der Melodie von Fritz Baltruweit »Feuer, Feuer« entstanden (zu finden u. a. in: »Neue Lieder II«, Württ., Nr. 735; Kirchentagsliederheft Hamburg 1981, Nr. 87):

1. Wasser, Wasser kühl und klar:
Leben, Leben stellst du dar.
Leben, Leben bricht hervor,
Quelle, Quelle steigt empor:

2. Quelle, Quelle, die erquickt,
Freude, Freude, die beglückt.
Freude, Freude, die uns schenkt
Regen, Regen, der durchtränkt.

3. Regen, Regen, wo er fällt:
Nahrung, Nahrung für die Welt.
Nahrung, Nahrung Jahr für Jahr:
Wasser, Wasser rein und klar.

Mit Wasser spielen: Rindenschiffe bauen

Folgendes Material haben wir bereitgestellt:

Eine große Kiste voll dicker Kiefernrinden, die wir von gefällten Bäumen aus dem Wald geholt haben (rechtzeitig mit der Suche beginnen!); viele dünne Äste und Zweige für Masten; Wollfäden für Tauwerk; dünnes Papier für die Segel (es könnten auch große Lindenblätter sein!). Dazu ein wenig Klebstoff und einige Locher für Kondensmilch-Dosen, um Löcher für die Masten zu bohren. Auf Messer haben wir verzichtet, die Rinde läßt sich auch durch Brechen in eine schiffsähnliche Form bringen, soweit das jemand gerne möchte.
Wichtig war nicht nur das Anfertigen der Boote, sondern daß wir den Kindern Zeit ließen, damit zu spielen: Wind und Wellen entstehen zu lassen, von denen ihre Schiffchen hin und her getrieben wurden; sie im Hafen festzumachen oder zu Schleppzügen zusammenzubinden.

Eine andere Idee: Wasserräder basteln

Dazu brauchen wir eine Rinne, die zum Wasserbekken führt und die mit Wasser gespeist wird. Am besten ist eine Holzrinne aus drei Brettern, die allerdings gut abgedichtet sein muß. Auch darf das Gefälle nicht zu stark sein.

Material:

Flaschenkorken (halbiert); Schaschlikstäbe als Achsen (und dazu Stricknadeln, um die Löcher vorzubohren); dünne, aber feste Pappe für die Wasserschaufel; ferner ein scharfes Messer, um Schlitze für die Pappen in den Korken zu schneiden. Man kann natürlich auch im Bastlershop einfach geschlitzte Holzrädchen und entsprechende Holzrundstäbe kaufen, das geht schneller, ist teurer und erfordert weniger Phantasie. – Je zwei kleine Nägel auf den Seiten der Rinne bilden Lauflager für die Achsen. Sie könnten bereits vorbereitet sein. Jedenfalls sollte man selbst ein solches Wasserrad vorher einmal gebaut und ausprobiert haben.

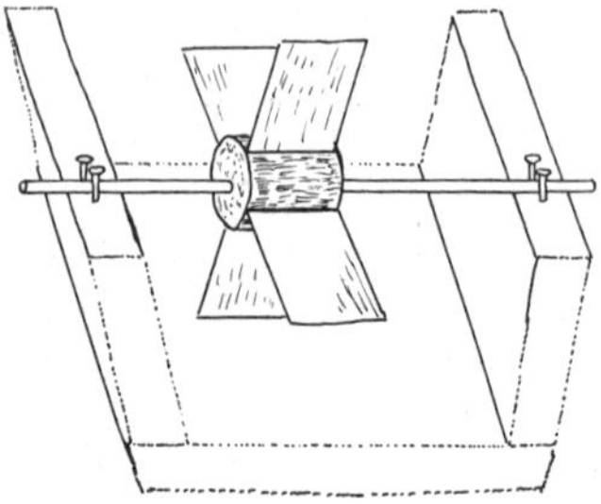

Auch hier darf das Spiel mit den Rädern nicht zu kurz kommen!

... er führet mich auf rechter Straße ...

II. SCHULANFANG

»Jesus segnet die Kinder«, Holzschnitt von Hans-Georg Anniès. Das Motiv ist als zweifarbige Faltkarte (mit Bibeltext Mark. 10, 13–16) erhältlich beim Verlag Junge Gemeinde, Postfach 10 50 64, 7000 Stuttgart 10.

Jeder ist Gott wichtig

Ein Familiengottesdienst zum Schulanfang
mit einer Erzählung zum Mitmachen zu Markus 10,13–16

RAINER OLLESCH

Zur Gottesdienstvorbereitung mit Kindergartenkindern:

1. Lieder

Der Gottesdienst wurde zusammen mit Kindergartenkindern vorbereitet. Die Kinder hatten die Gottesdienstlieder gelernt oder wenigstens angesungen.

2. Bilder

Außerdem haben die Kindergartenkinder Bilder gemalt zu den Themen:
a) »Was wir alles schon können«
b) »Was wir noch nicht können«
Diese Bilder wurden im Gottesdienst gezeigt, und miteinander wurde darüber nachgedacht.

3. Erzählung mit Chor zu Markus 10,13–16

Für die Erzählung selbst benötigt man:
Einen Erzähler und zwei Sprecher.
Vor der Erzählung muß angekündigt werden: Das, was der Sprecher 1 sagt, sprechen die Kinder nach.
Das, was der Sprecher 2 vorsagt, sprechen die Erwachsenen nach. Der Erzähler steht vor den Zuhörern. Sprecher 1 und 2 sitzen unter den Zuhörern. Alle drei haben das im folgenden abgedruckte Erzählmanuskript in der Hand.

4. Kleines Geschenk

Wer den Kindern ein kleines Geschenk mit auf den Weg geben möchte, der muß rechtzeitig daran denken, es zu bestellen, zu basten oder zu besorgen.

1. Verlauf des Gottesdienstes

Begrüßung der Kinder, Angehörigen und Lehrer

Lied: »Lobe den Herren, den mächtigen König«, EKG/LfJ 234

Gespräch über Bilder (I): »Was wir alles schon können«

Lied: »Du hast uns, Herr, gerufen« (LfJ 687

Gespräch über Bilder (II): »Was wir noch nicht können«

Erzählung mit Chor (nach Mark. 10,13–16): Jesus und die Kinder (s. u.)

Lied: »Tina kann gut springen« (mit Bewegungen – s. u.)

Gebet:

(A) Lieber Gott!
Du machst keine Unterschiede zwischen uns Menschen.
(B) Du hast uns alle gleich lieb:
die Kinder genauso wie die Erwachsenen.
Darüber freuen wir uns.
(A) Du hast uns lieb,
auch wenn wir nicht alles können.
(B) Deshalb wollen wir auch einander liebhaben
und uns gegenseitig helfen,
wenn die Schule beginnt.
(A) Dazu bitten wir dich um deinen Segen.

Gemeinsames Vaterunser

Lied: »Danke für diesen guten Morgen«, LfJ 664
(Die Kinder erhalten ein kleines Geschenk.)

2. Erzählung mit Chor (zu Markus 10,13–16)

Erzähler: Auf der Straße spielen Kinder. Viele Kinder. Ich weiß nicht, wie sie heißen. Vielleicht heißen sie Michael. Oder Susanne. Oder Alexander. Oder Esther. Vielleicht heißen sie so, vielleicht heißen sie auch anders. Das ist nicht so wichtig. Jedenfalls spielen sie auf der Straße.
Mit dem Ball. Oder Verstecken. Oder Nachlaufen.
Da kommen plötzlich ihre Mütter. »Hallo!« rufen sie. »Hört mal auf mit dem Spielen!«
Aber die Kinder wollen nicht.

Sprecher 1: Ooooch!
Kinder: Ooooch!

Sprecher 1: Warum denn?
Kinder: Warum denn?

Erzähler: Sie wollen weiterspielen.
Aber die Mütter erklären es ihnen:
»Heute ist Jesus in die Stadt gekommen!
Zu dem wollen wir hin. Kommt doch mit!«
Da sagen die Kinder:

Sprecher 1: Na gut!
Kinder: Na gut!

Sprecher 1: Wenn ihr meint!
Kinder: Wenn ihr meint!

Sprecher 1: Wir kommen mit!
Kinder: Wir kommen mit!

Erzähler: Alle gehen zusammen zu Jesus. Die Kinder mit ihren Müttern. Sie gehen zu Jesus. Oder vielmehr: Sie *wollen* zu Jesus. Aber sie kommen nicht zu ihm.

Denn die Freunde Jesu, die Jünger, die lassen sie gar nicht hin. Sie stellen sich den Kindern in den Weg und halten sie auf.

Sprecher 2: Was wollt ihr denn hier?
Erwachsene: Was wollt ihr denn hier?

Sprecher 2: Ihr kleines Gemüse!
Erwachsene: Ihr kleines Gemüse!

Erzähler: Da sagen die Kinder, was sie wollen:

Sprecher 1: Wir wollen zu Jesus.
Kinder: Wir wollen zu Jesus.

Sprecher 1: Mit unseren Müttern.
Kinder: Mit unseren Müttern.

Sprecher 1: Alle zusammen.
Kinder: Alle zusammen.

Erzähler: Aber die Jünger denken gar nicht daran, die Kinder durchzulassen.

Sprecher 2: Nein!
Erwachsene: Nein!

Sprecher 2: Kommt gar nicht in Frage!
Erwachsene: Kommt gar nicht in Frage!

Sprecher 2: Dafür hat Jesus keine Zeit!
Erwachsene: Dafür hat Jesus keine Zeit!

Sprecher 2: Ihr seid viel zu klein!
Erwachsene: Ihr seid viel zu klein!

Sprecher 2: Was könnt ihr denn schon?
Erwachsene: Was könnt ihr denn schon?

Sprecher 2: Habt ihr einen Beruf?
Erwachsene: Habt ihr einen Beruf?

Sprecher 1: Nein!
Kinder: Nein!

Sprecher 2: Verdient ihr Geld?
Erwachsene: Verdient ihr Geld?

Sprecher 1: Nein!
Kinder: Nein!

Sprecher 2: Könnt ihr lesen?
Erwachsene: Könnt ihr lesen?

Sprecher 1: Nein!
Kinder: Nein!

Sprecher 2: Könnt ihr schreiben?
Erwachsene: Könnt ihr schreiben?

Sprecher 1: Nein!
Kinder: Nein!

Sprecher 2: Könnt ihr rechnen?
Erwachsene: Könnt ihr rechnen?

Sprecher 1: Nein!
Kinder: Nein!

Sprecher 2: Kennt ihr die 10 Gebote?
Erwachsene: Kennt ihr die 10 Gebote?

Sprecher 1: Nein!
Kinder: Nein!

Erzähler: Da schicken die Jünger die Kinder fort.

Sprecher 2: Macht, daß ihr nach Hause kommt!
Erwachsene: Macht, daß ihr nach Hause kommt!

Sprecher 2: Weg von hier!
Erwachsene: Weg von hier!

Erzähler: Und sie machen den Müttern Vorwürfe. Und schimpfen.

Sprecher 2: Ihr seid nicht recht gescheit!
Erwachsene: Ihr seid nicht recht gescheit!

Sprecher 2: Mit Kindern zu Jesus kommen!
Erwachsene: Mit Kindern zu Jesus kommen!

Sprecher 2: Die sind doch viel zu klein!
Erwachsene: Die sind doch viel zu klein!

Erzähler: Da sind sie enttäuscht. Die Kinder und ihre Mütter. Riesig enttäuscht.
Sie sind ganz traurig.
Ein Kind fängt an zu weinen.
Und sie sagen:

Sprecher 1: Schade!
Kinder: Schade!

Sprecher 1: Wir wollten doch zu Jesus!
Kinder: Wir wollten doch zu Jesus!

Erzähler: Aber das hilft nichts. Die Jünger stehen da und halten die Kinder auf und lassen keinen durch.
Bis Jesus plötzlich bei ihnen ist.
Und Jesus sagt seinen Jüngern die Meinung.
»Laßt die Kinder durch!
Sie sollen kommen! Alle, auch die Kleinen!«
Und Jesus sagt seinen Freunden:
»Zu mir darf jeder kommen.
Denn Gott sind alle wichtig – auch wenn sie klein sind. Er hat alle lieb – auch wenn sie noch nicht alles können. Dann ruft Jesus die Kinder zu sich:
Kommt! Kommt zu mir!«
Da freuen sich die Kinder,
und sie springen vor Freude in die Luft.

Sprecher 1: Au ja!!!
Kinder: Au ja!!!

Sprecher 1: Prima!
Kinder: Prima!

Erzähler: Und Jesus nimmt die Kinder in den Arm.
Dann setzt er sich mit ihnen auf den Boden und erzählt ihnen eine Geschichte.
Und er sagt den Kindern:
»Ihr seid für Gott wichtig.
Ihr gehört alle zu ihm:
Die Kleinen genauso wie die Großen.
Die Kinder genauso wie die Erwachsenen.
Alle zusammen.«

Tina kann gut springen

2. Sind wir auch verschieden,
keiner wird gemieden.
keiner bleibt allein,
jedes darf sich freu'n:
(folgt Kehrvers)

3. Wer's nicht kann verstehen.
darf auf Jesus sehen.
jeder ist viel wert,
das hat er gelehrt.
(folgt Kehrvers)

Aus: Wolfgang Longardt, »Du bist unter uns. Kinder singen und fragen«, Gütersloher Verlagshaus Gerd Mohn.

Sebastians erster Schultag

Bericht von einem ökumenischen Gottesdienst am ersten Schultag

mitgeteilt von RAINER OLLESCH

Biblischer Kontext: Psalm 139,14

Zur Gottesdienst-Vorbereitung:

Während des Gottesdienstverlaufes werden die Kinder zum Malen eingeladen (II). Dazu müssen Einzelblätter Papier und Buntstifte/Filzstifte bereitgelegt werden.
Auf einem großen Papier ist die Skizze des »Sebastian« vorbereitet; jedoch unvollständig, ohne Gesicht, Hände, Füße usw. (siehe Abbildung).

Begrüßung

Lied: »Ich singe dir mit Herz und Mund«, EKG/LfJ 230,1.2.3.7

Eingangsspruch:

Im Namen des Vaters und des Sohnes und des Heiligen Geistes.
Unsere Hilfe erwarten wir vom Herrn,
der Himmel und Erde gemacht hat.
Gott, du siehst mich und kennst mich,
denn du hast mich geschaffen: meinen Leib und meine Seele.
Ich danke dir, daß ich so herrlich geschaffen bin, so wunderbar.
Deine Werke sind voller Wunder.

Gebet:

Lieber Gott, wir haben lange auf den ersten Schultag gewartet,
jetzt ist es endlich so weit.
Wir freuen uns, daß unsere Eltern, Geschwister und Bekannten mit uns hier sind.
Sei du auch bei uns! Amen.

I. ERZÄHLUNG

Sebastians erster Schultag

Das wichtigste am ersten Schultag, das allerwichtigste ist – die Schultüte. Das weiß jedes Kind. Sebastian wußte es auch.

Und wie er sich auf seine Schultüte freute! Ob ihr euch das vorstellen könnt? Als er frühmorgens aufwachte, war sein einziger Gedanke: meine Schultüte! Heute kriege ich sie! Aber es war noch ziemlich dunkel. Sein Bruder und seine Schwester schliefen, sogar seine Mutter schlief, und sein Vater schnarchte, als ob er ein dickes Brett durchsägen wolle. Wie konnte man nur an einem solchen Tag so lange schlafen?! Sebastian lag in seinem Bett und seufzte und dachte an seine Schultüte.

Die Zeit kroch heute so langsam wie eine Schnecke, aber irgendwie wurde es doch Morgen und Mittag. Nach dem Essen fragte Sebastian: »Kann ich noch ein bißchen nach draußen gehen?« – »Meinetwegen«, sagte seine Mutter, »aber mach dich nicht schmutzig! Um halb drei gehen wir los.« Sebastian rannte die Treppe hinunter, und gerade als er an der Haustür war, fiel ihm wieder die Schultüte ein. Er blieb stehen: Eigentlich könnte ich doch . . ., überlegte er. Und leise, ganz leise schlich er die Treppe wieder hinauf. Hinein ins Wohnzimmer, wo die Schultüte stand. Und husch, war er wieder unten. Mit der Schultüte. Seine Mutter hatte nichts gemerkt. Sie war in der Küche und klapperte mit dem Geschirr.

Sebastian war stolz wie ein Schneekönig. Er hielt die Schultüte ganz vorsichtig, um sie ja nicht zu zerdrücken! Hatte irgendein Kind auf der Welt eine so wunderschöne Schultüte wie er?! Er ging die Straße entlang, die zum Fluß führte. Leider waren nicht viele Leute unterwegs, die seine Schultüte bestaunen konnten. Doch als er mitten auf der Brücke war, sah er Michael. Das war sein bester Freund. Er fuhr gerade im Park unten am Fluß mit dem Fahrrad herum.

»Michael!« schrie Sebastian, »Michael, guck mal, was ich hier habe!« Sebastian riß die Arme hoch, um Michael seine Schultüte zu zeigen. Aber da passierte es. Die Schultüte rutschte ihm aus den Händen und flog in hohem Bogen über das Brückengeländer in den Fluß. Michael konnte nur noch sehen, wie die Schultüte im Wasser versank.

»Meine Schultüte!« Sebastian brüllte wie am Spieß. Er brüllte den ganzen Weg, als Michael mit ihm nach Hause ging. Er brüllte, als Michael seiner Mutter erzählte, was passiert war. Er brüllte so laut, daß seine Mutter das Schimpfen vergaß. »Da müssen wir eben *ohne* Schultüte zur Schule gehen!« sagte sie nur.

Ohne Schultüte? Das wichtigste am ersten Schultag, das allerwichtigste ist die Schultüte! Man kann doch nicht ohne Schultüte in die Schule gehen! »Ich gehe nicht in die Schule!« schrie Sebastian. Aber das half nichts. Seine Mutter setzte ihm den Schulranzen auf den Rücken, nahm ihn fest an der rechten Hand, auf der anderen Seite hielt ihn Michael fest, und so zogen sie los. Sebastian aber brüllte wie am Spieß. Alle Leute guckten sich um, die Hunde auf der Straße guckten sich um, und sogar die Vögel auf den Zäunen guckten sich nach ihm um. Sebastian brüllte auch noch, als sie zur Kirche kamen. Da standen schon die anderen Kinder. Alle mit ihrer Schultüte. Nur er hatte keine Schultüte. Sebastian brüllte so laut, daß man beinahe nicht mehr die Kirchenglocken hörte.

Er brüllte so herzerweichend, daß eine der beiden Lehrerinnen kam und sich zu ihm herunterbeugte: »Was ist denn bloß los? Warum weinst du so?« – »Meine Schultüte!« schrie Sebastian. Und seine Mutter erzählte der Lehrerin, was passiert war. »Das ist wirklich schlimm«, sagte die Lehrerin, als sie die Geschichte gehört hatte, »das ist wirklich schlimm. Da wäre ich genauso traurig wie du. Nur gut, daß du deinen Schulranzen hast! Der ist noch wichtiger als eine Schultüte. Und das Wichtigste, das Allerwichtigste für den ersten Schultag, das hast du ja auch. So ein Glück, Sebastian!«

Das Wichtigste? Sebastian schluckte. Das Allerwichtigste habe ich? Sebastian hörte plötzlich auf zu brüllen. Das Allerwichtigste für den ersten Schultag – was soll denn das sein? Sebastian sah die Lehrerin an: Was meint die nur?

Ob ihr euch das denken könnt? (Kinder äußern evtl. – nur kurz! – Vermutungen. Frage offen lassen!)

Lied

II. Malen und Gespräch

1. »Ihr könnt jetzt alle den Sebastian malen, wie er vor der Kirche steht . . .«
(Kinder malen auf Einzelblätter.)
2. »Wir haben hier auch ganz groß den Sebastian gemalt! . . .«
(Die große Figur wird gezeigt.)
Kinder: »Da fehlt . . .!«
(Kinder zeigen ihre Bilder.)

Im Vergleich wird deutlich: Das Wichtigste (Auge, Ohren, Mund, Nase, Hände, Füße) fehlt auf der großen Skizze.
(Die Skizze wird vervollständigt.)

Lied: »Danke für diese guten Morgen«, LfJ 664

III. Gespräch / Ansprache

1. Ich glaube, ihr wißt jetzt, was Sebastians Lehrerin gemeint hat! Eine Schultüte hat er nicht, aber das Wichtigste hat er doch . . .« (Augen, Ohren . . .) »Und wir alle haben das auch, Gott sei Dank! Das ist das Wichtigste, was wir für die Schule brauchen.«

2. Warum Augen (Ohren, Hände . . .) wichtig sind. Was wir mit ihnen machen – zu Hause und in der Schule.

3. Evtl.: Ausprobieren! Augen (auf etwas zeigen: »Seht ihr . . .?«), Ohren (Stille; Geräusch machen: »Hört ihr . . .?«), Mund (Satz nachsprechen) usw.

4. Alles kommt von Gott. Er hat uns so gemacht, daß wir hören, sehen, gehen . . . können. Darüber sind wir froh. Dafür können wir Gott sagen: »Herr, wir danken dir!« Das wollen wir jetzt auch singen . . .

Lied: »Gott, du hast uns Augen gegeben«, LfJ 684

Gebet: Guter Gott!
Viele Dinge können wir schon,
viele neue Dinge werden wir in der Schule lernen.
Darauf sind wir gespannt.
Gib uns Freude am Lernen!
Hilf uns beim Verstehen!
Schenke uns gute Lehrer und gute Freunde!
Darum bitten wir dich, weil wir wissen:
Du meinst es gut mit uns. Amen.

Segen

(Kinder erhalten ein kleines Geschenk.)

Lied: »Ich singe dir mit Herz und Mund«, EKG/LfJ 230,8.13

Lieder zum Schulanfang

a) Zum Schulanfang I

Du läßt uns älter werden,
darum, Herr, sind wir hier.
Wir freuen uns auf morgen
und danken dir.

Wir waren auch schon traurig,
verloren oft den Mut.
Doch können wir es sagen:
Gott bleibt uns gut.

Ich kann heut noch nicht wissen,
was noch geschieht mit mir.
Doch Gott hat mir versprochen:
Ich bleib bei dir.

b) Zum Schulanfang II

Du läßt uns älter werden,
darum, Herr, sind wir hier.
Wir werden vieles lernen,
Wir danken dir.

Verschieden sind die Gaben,
die jeder von uns hat.
Doch wichtig sind sie alle
und wert vor Gott.

Darum sei keiner traurig,
wenn er etwas nicht schafft.
Gott hat ihn lieb und gibt ihm
für andres Kraft.

Zu singen nach der Melodie: »Du hast uns, Herr, gerufen« von Kurt Rommel
(in: LfJ 687 oder »111 Kinderlieder zur Bibel«, Nr. 99)

... du bereitest vor mir einen Tisch ...

III. ERNTEDANK

Aus der Dia-Serie: »Die Menschen dieser Welt gehören zusammen«, 22 Farbdias nach Kinderzeichnungen; sechs Motive gibt es auch als Poster. Dia-Serie und Poster sind erhältlich bei: Evang. Missionswerk in Südwestdeutschland, Materialdienst + Versand, Vogelsangstraße 62, 7000 Stuttgart 1.

Hätt' ich mehr vertraut, hätt' ich mir mehr zugetraut

Ein Familiengottesdienst mit einem Spiel zu Matthäus 25,14–29

GOTTFRIED MOHR *und Erzieherinnen des Kindergartens in Wüstenrot*

Zum Gottesdienst:

Im Mittelpunkt des Familiengottesdienstes steht das im folgenden abgedruckte Spiel zu Matthäus 25,14–29. Eingerahmt ist dieses Spiel von Liedern, dem Psalm 104 (zum Beispiel nach: »Er gebe uns ein fröhlich Herz. Überlegungen, Vorschläge, Texte für die Liturgie im Kindergottesdienst«, Verlag Junge Gemeinde, Stuttgart 1985, Seite 57) und einem Gebet mit einem gesungenen Kehrvers (siehe auf Seite 69).
Es dürfte nicht schwer sein, eine eigene Erntedankliturgie um das Spiel herum auszudenken.

Zum Spiel:

Mitspieler: ein Spielleiter, drei Knechte.
Alle Kinder werden an zwei Stellen zum Mitspielen eingeladen.

Vorbereitet werden muß:
- Das riesige Paket, das der erste Knecht mitbringt, samt seinem Inhalt (siehe Spieltext).
- Der Sack mit den 17 Schuhschachteln, in denen je ein symbolisches, gemaltes oder ausgeschnittenes Bild liegt (vergleiche Spieltext).

I. Das Spiel

Spielleiter: Mein Freund hat mir sein neues Auto gezeigt. Ich habe zu ihm gesagt: »Dein Auto ist ja rabenschwarz!« Da war er beleidigt. Er sagte: »Mein Auto ist kein Rabe, sondern ein Mercedes.« Ich wollte ihn nicht beleidigen. Rabenschwarz, das war nur ein Vergleich.
Warum ich das erzähle? Bei der Geschichte, die wir jetzt vorspielen, ist das genauso. Jesus hat diese Geschichte erzählt, eine ganz alltägliche Geschichte; aber er meint sie als Vergleich. Man nennt so etwas Gleichnis. Jesus erzählt von einem reichen Mann und seinen Knechten. Er möchte etwas aussagen über Gott und uns Menschen.
Damit wir die Geschichte richtig verstehen, wollen wir sie doppelt spielen. Hier vor dem Altar wird die Geschichte erzählt, wie sie Jesus erzählt hat, das Gleichnis.
Dort vor dem Taufstein wollen wir zeigen, was Jesus uns damit sagen wollte. –
Oh, da kommt schon der 1. Knecht. Hören wir, was er uns zu sagen hat.

Der erste Knecht

1. Knecht: *(kommt von rechts mit einem riesigen Paket im Arm, bleibt vor dem Altar stehen)*
Gerade hat er auf Wiedersehen zu mir gesagt, mein Herr. Er muß verreisen. Er geht ins Ausland. Dort will er wichtige Geschäfte abschließen. In fünf, sechs Jahren kommt er zurück. Von seinen Angestellten hat er drei ausgewählt. Drei, auf die man sich verlassen kann. Uns hat er sein Vermögen anvertraut. Mir hat er das meiste gegeben: fünf Zentner Silbergeld.
»Vertrauen ehrt«, sagt man. Fünf Zentner Silbergeld – welch ein Vermögen! So viel Geld hab ich noch nie auf einem Haufen gesehen.
Man muß etwas daraus machen. Geld muß Geld bringen. Wie stell ich das an?
Ich könnte eine große Schafherde kaufen. Die Tiere bringen mir Milch, Wolle und Fleisch. Das kann ich verkaufen. Für den Erlös kauf ich neue Schafe. Die Herde wird riesengroß. Wenn der Herr zurückkommt, verkaufe ich die ganze Herde. Wetten, dann bekomme ich doppelt soviel Geld, wie er mir anvertraut hat. Das mach ich, ade!
(Will nach links abgehen, wird aber vom Spielleiter aufgehalten.)

Spielleiter: Halt, wir wollen sehen, was in deinem Paket ist.
(legt das Paket auf einen Tisch vor den Taufschein, packt fünf kleinere Schachteln aus; der Knecht geht ab)
Was mag wohl in den Schachteln sein? Fünf Kinder dürfen zu mir kommen und schauen. Und wenn ihr gesehen habt, was in den Schachteln ist, dann macht es wie der Knecht.
Macht etwas aus dem, was euch anvertraut wurde.

Kinder: *(öffnen die Schachteln. Inhalt: 1. Pappe, Schere; 2. Zeichenblatt, Farbstifte; 3. Knetgummi; 4. Puppe, Kleider zum Anziehen; 5. Legosteine, Räder. Die Kinder machen etwas aus dem angebotenen Materialien, währenddessen singt die Gemeinde.)*

Gemeindelied: »Hilf, Herr meines Lebens«, LfJ 654

Spielleiter: *(schaut die Arbeiten der Kinder an, zeigt sie der Gemeinde, bittet die Kinder hinzusitzen, räumt den Tisch leer)*

2. Der zweite Knecht: »Mir ist vieles anvertraut.«

2. Knecht: *(kommt von rechts mit einem prallvollen Sack auf der Schulter, bleibt vor dem Altar stehen)* Fünf Jahre ist das her, seit der Herr gegangen ist. Seinen drei treuesten Knechten hat er sein Vermögen gegeben. Mir hat er viel anvertraut: Zwei Zentner Silbergeld. Vier Zentner Silbergeld bringe ich ihm heute stolz zurück. Bei mir war sein Geld in guten Händen. Sie wollen wissen, wie ich das gemacht habe? Pst! Das ist Geschäftsgeheimnis! Auf geht's, hinein zum hohen Herrn. Der wird sich freuen. – *(Will nach links abgehen, wird aber vom Spielleiter vor dem Taufstein aufgehalten.)*

Spielleiter: Halt, laß uns mal sehen, was du in deinem Sack hast.
(Der Spielleiter schüttet den Inhalt des Sacks: 17 Schuhschachteln auf den Tisch; Knecht ab.)
Was ist wohl in den vielen Schachteln drin? Ich glaube, da ist drin, was uns der Herr alles anvertraut hat.

Kinder: *(packen der Reihe nach die Schachteln auf. In jeder Schachtel ist ein Bild. Jedes Bild weist auf eine Gabe hin, die uns anvertraut ist. Die Gemeinde errät die anvertraute Gabe, die mit dem Bild gemeint ist. Die Bilder werden an die Schuhschachteln geklebt und auf dem Tisch aufgebaut.)*

Bilder (Gaben): 1. Uhr (Zeit); 2. Tanklastzug (Energie); 3. Salzkristall (Rohstoffe); 4. Hund, Fisch, Vogel (Tiere); 5. Rechenaufgaben (Denken); 6. Mensch im Krankenbett (andere Menschen); 7. Flöte (Musik); 8. Glas (Wasser); 9. Märchenbuch (Phantasie); 10. Palette, Pinsel (Kreativität); 11. Haus, Auto (Besitz); 12. Zahnbürste (Gesundheit); 13. Äpfel, Ähre (täglich Brot); 14. Herz (Liebe); 15. Kinder (Kinder); 16. weinendes Gesicht (Gefühl); 17. Wappen (Heimat)

Gemeindelied: »Nun laßt uns Gott dem Herren . . .«, EKG/LfJ 227.1–3.7

3. Der dritte Knecht: »Hätt' ich mehr vertraut, hätt' ich mir mehr zugetraut.«

3. Knecht: *(kommt von rechts mit einer Schaufel über der Schulter, trifft in der Mitte auf den Spielleiter)* Herausgeschmissen hat er mich, der strenge Herr, einfach herausgeschmissen. Dabei habe ich gar nichts gemacht. Er hatte mir einen Zentner Silbergeld anvertraut, bevor er ins Ausland ging. Das Geld habe ich ihm nun zurückgegeben, genau dasselbe Geld. Ich hatte es vergraben. Kein Pfennig ist verlorengegangen, nur die Kiste ist etwas angefault in den fünf Jahren.
Trotzdem hat er mich herausgeschmissen . . .

Spielleiter: Die anderen beiden Knechte haben etwas gemacht mit dem, was ihnen anvertraut wurde. Sie haben das Geld verdoppelt. Die Kinder hier am Tisch haben auch etwas gemacht. Aus der Pappe ein . . . ausgeschnitten, mit Papier und Buntstift ein . . . gemalt, die Puppe haben sie angezogen, aus Lego ein . . . gebaut, mit dem Knet ein . . . modelliert. Wenn der Herr uns schon so viel anvertraut, dann muß man auch etwas daraus machen!

3. Knecht: Ich hab Angst gehabt. Der Herr ist so streng. Er will Gewinn haben, wo er nichts geschafft hat. Er will ernten, wo er nichts gesät hat.

Spielleiter: Das ist nicht wahr. Der Herr will nicht ernten, wo er nichts gesät hat. Er hat dir doch viel Geld anvertraut, war das etwa nichts? Nicht zuviel und nicht zu wenig hat er dir gegeben, genau deinen Fähigkeiten entsprechend.
Schau, wieviel der Herr uns anvertraut hat: Zeit und Besitz, Gesundheit und Phantasie, Rohstoffe und Tiere, andere Menschen und Kin-

der, Gefühle und Heimat. Alles hat uns Gott anvertraut. Da kann man doch nicht kommen und die herrlichen Gaben einfach vergraben!

3. Knecht: Langsam sehe ich ein, warum der Herr mich nicht brauchen kann. Jetzt aber habe ich nichts mehr. Das Geld, das ich ihm gegeben habe, hat der Herr den anderen beiden Knechten gegeben.

Spielleiter: Ja, er hatte dir viel anvertraut, der Herr. Uns allen hat der Herr viel anvertraut: unsere Erde, unsere Fähigkeiten, unsere Mitmenschen. Du aber hast dem Herrn nicht vertraut; Angst hast du gehabt und vergraben, was er dir gab.
Wir dürfen Gott vertrauen, denn er ist und bleibt der Herr über unsere Erde, uns selbst, unsere Mitmenschen.
Hättest du dem Herrn soviel vertraut, wie er dir anvertraut hat, dann hättest du dir etwas zugetraut. Du hättest mit dem Geld etwas gemacht wie die anderen Knechte. Wenn wir Gott vertrauen, können wir uns selbst etwas zutrauen. So können wir mit unseren Fähigkeiten aus der Erde etwas machen. Dann wird sie zur Wohnung für alle Menschen.
(Knecht 1 und 2 kommen fröhlich)

3. Knecht: Da kommen die anderen beiden Knechte. Sie können froh sein. Der Herr hat sie zu seinem Fest eingeladen. Ob ich einfach mitgehe und frage, ob er nicht noch einen Knecht braucht für die ganz niederen Arbeiten?

Spielleiter: Merkst du was? Plötzlich hast zu Vertrauen zum Herrn. Geh nur! Der Herr freut sich über jeden, der Vertrauen zu ihm faßt.

Gemeindelied: »Soviel Freude hast du Gott, in die Welt gegeben«, LfJ 665

II. Schlußgebet

Alle: *(singen aus Bernhard Krol: »Schwetzinger Kindermesse«)*
Lieber Gott, wir danken dir
für alles auf der Erde hier,
dafür, daß du uns liebst.

Einer: In unsere Händen hast du die Natur gelegt,
das Wasser in den Flüssen, die Blumen im Garten,
die Früchte am Baum.
Es liegt an uns, sie zu hegen und zu pflegen
oder zu zerstören.

Alle: Lieber Gott, wir danken dir
für alles auf der Erde hier,
dafür, daß du uns liebst.

Einer: In unser Herz hast du die Gefühle gelegt,
Lachen und Weinen, Hoffen und Bangen.
Es liegt an uns, Haß in Liebe zu verwandeln.

Alle: Lieber Gott, wir danken dir
für alles auf der Erde hier,
dafür, daß du uns liebst.

Einer: In unsere Hände hast du schöpferische Fähigkeiten gelegt:
Wir können malen und basteln,
spielen und musizieren.
Es liegt an uns, unsere Fähigkeiten zu entfalten
oder in uns zu vergraben.

Alle: Lieber Gott, wir danken dir
für alles auf der Erde hier,
dafür, daß du uns liebst.

Einer: Ans Herz hast du uns das Geschick anderer Menschen gelegt.
Oft warten Menschen auf ein Lächeln, ein gutes Wort,
einen freundlichen Händedruck.
Es liegt an uns, Menschen ernst zu nehmen
oder beiseite zu stoßen.

Alle: Lieber Gott, wir danken dir
für alles auf der Erde hier,
dafür, daß du uns liebst.

Einer: Weil du uns liebst, hast du uns so große Gaben anvertraut.
Nimm uns die Angst, die uns lähmt, unsere Gaben
einzusetzen und das Gute zu tun.
Laß uns in allem auf dich vertrauen. Amen

Kehrvers

Aus: Bernhard Krol: »Schwetzinger Kindermesse«

Reich sein in Gott

Ein Familiengottesdienst mit einer Spielmotette zu Lukas 12,13–21 und einer Erzählpantomime zum Märchen »Vom Fischer und seiner Frau«

Klaus Stolzmann

Zur Spielmotette:

Die Spielmotette ist eingerichtet für vier Sprecher.
Die Chorstrophe kann von allen Kindern gesprochen werden, wenn sie zunächst von einem »Chorführer« vorgesagt wird.

Zur Erzählpantomime »Vom Fischer und seiner Frau«:

a) *Personen*

Der Fischer mit seiner Angel
seine Frau (man nehme möglichst fünf Frauen, dann können sich diese schon fertig kostümieren. Für die Umhänge eignet sich farbiges Krepp-Papier oder ähnliches sehr gut:)

1. Die Frau im »Pißpott« (Anfangs- und Schlußszene)
2. Die Frau im steinernen Palast
3. Die Königin
4. Die Kaiserin
5. Die Päpstin

Der Butt (der aus der Kanzel »herausgeschwommen« kommt; mit Schuppen, die auf einem Karton auf den Rücken geklebt sind).

Die Dienerschaft, die von Szene zu Szene größer wird:
Im steinernen Palast: nur ein Diener
Im Königsschloß: zwei Hellebardenträger dazu und noch ein Diener
Im Kaiserschloß: Soldaten und der Minister

b) *Bühnenbild:*

Die windschiefe Bude (»Pißpott«) steht vorn rechts oder links im Altarraum. Sie ist gestaltet aus bemaltem Karton. Vor der Bude steht eine Bank.
Der Butt schwimmt aus der Kanzel auf der anderen Seite heraus.
Die »Schlösser« werden auf den Altarstufen direkt vor dem Altar angenommen: Nur ein prächtiger Stuhl steht da, sonst nichts.

c) *Zur Darbietung:*

Das Märchen ist so erzählt, daß es sich gut als Erzählpantomime spielen läßt. Die Aktionssätze lassen sich sofort von den Kindern in Gestik und Bewegung umsetzen. Es müssen lediglich die verschiedenen Personen zu- und eingeteilt werden.

I. Zum Gottesdienst

Spielmotette und Erzählpantomime sind Bausteine für einen Familiengottesdienst zum Erntedankfest, der sich folgendermaßen gestalten läßt:

1. *Gabenprozession* (die Kinder decken den Erntedankaltar)
2. *Lied:* »Ich singe dir mit Herz und Mund«, EKG/LfJ 230,1–4.7
3. *Grußwort und Ankündigung des Themas*

   Heute ist Erntedankfest, liebe Gemeinde. Darum haben wir unseren Altar mit Gottes Gaben aus Feld und Garten so schön geschmückt, um dem Schöpfer unseren Dank zu sagen.
   Ich begrüße alle, alt und jung, recht herzlich zu unserem Familiengottesdienst am Erntedankfest.
   Zum Leben gehört mehr als das Brot, das wir essen, die Gaben, die wir ernten, und die Blumen, an denen wir uns erfreuen. Es kommt darauf an, daß wir »reich sind in Gott«.
   Zwei Personen, von denen wir heute in Geschichten hören, sind nicht reich in Gott. Sie wollen immer noch mehr – das ist das Thema unseres heutigen Gottesdienstes. Der eine will noch immer mehr haben, und die andere will noch immer mehr sein. Hören wir zuerst in einer Spielmotette das Gleichnis vom reichen Kornbauern, der noch immer mehr haben möchte.

4. *Spielmotette zum Erntedankfest* (siehe II.)
5. *Kurzpredigt*
6. *Lied/Chor*
7. *Erzählpantomime* »Vom Fischer und seiner Frau« (siehe III.)
8. *Lied:* »Erd und Himmel sollen singen«, LfJ 659
9. *Fürbittegebet*
10. *Vaterunser*
11. *Lied*
12. *Abkündigungen*
13. *Sendewort – Segen:*

    Nun geht in die kommende Woche mit dem Segen Gottes.
    Ihr seid reiche Menschen, denn Gott segnet euch.
    Ihr seid glückliche Menschen, denn Gott behütet euch.
    Ihr seid erlöste Menschen, denn Gott ist euch gnädig.
    Ihr seid befreite Menschen, denn Gott leitet euch auf euren Wegen.
    Ihr seid Friedensmenschen, denn Gott gibt euch Frieden.
    Es segne und behüte euch der allmächtige und barmherzige Gott,
    der Vater, der Sohn und der Heilige Geist. Amen.

II. Spielmotette zum Erntedank (nach Lukas 12,13–21)

(Die Chorstrophe kann jeweils auch gesprochen werden!)

Chor: Herr, groß sind deine Werke und sehr schön! Wir freuen uns daran!

2. Sprecher: An dem Fluß, der sich zwischen den Bergwäldern hindurchwindet.

3. Sprecher: An dem Wald, wo man sich hinter Bäumen verstecken und Vögeln zuhören kann.

Chor: Herr, groß sind deine Werke und sehr schön! Wir freuen uns daran!

2. Sprecher: An den Feldern, zuerst sieht das Getreide wie Gras aus, dann steht es goldgelb auf hohem Halm, und die Ähren sind voll von Körnern.

3. Sprecher: An den Gärten; die Blumen riechen so gut, und vom Apfelbaum fällt ein ganz dicker Apfel auf den Rasen.

Chor: Herr, groß sind deine Werke und sehr schön! Wir freuen uns daran!

2. Sprecher: Wir freuen uns auch darüber, daß Gott bei uns in der Stadt sein will.

3. Sprecher: Wir freuen uns darüber, daß Wilfried für Frau Becker aus dem Hochhaus Brot kaufen kann.

1. Sprecher: Haben nicht auch wir in der Stadt Grund, Erntedank zu feiern?

2. Sprecher: Schon. – Nur es fällt uns schwerer, weil wir keine Felder mit Garben mehr sehen.

3. Sprecher: Aber wir wissen doch, was mit dem Korn geschieht. Die Bauern haben es in die Mühlen und Brotfabriken gebracht. Dort haben viele Menschen gearbeitet, damit das Korn gemahlen und das Brot gebacken werden konnte. Zum Schluß wurde es verpackt und verschickt. Im Selbstbedienungsladen um die Ecke haben die Verkäuferinnen die Brote zum Verkauf in die Regale geschichtet. Und Wilfried hat das Brot eingekauft und zu Frau Becker gebracht.

2. Sprecher: Viele, viele Menschen haben also ihr Teil dazu beigetragen, damit wir hier in der Stadt unser Brot bekommen. Wir sind ihnen dankbar und lassen es uns gut schmecken.

1. Sprecher: Vor allem aber laßt uns am Erntedankfest Gott danken. Laßt uns dem Herrn ein Danklied singen!

Die Gemeinde (singt): »Wir pflügen und wir streuen ... (LfJ 641)

4. Sprecher: Was singt ihr hier von Dank an Gott den Herrn? »Er gibt seinen Menschen Brot?« – »Wachstum und Gedeihen steht in des Himmels Hand?« Wir Bauern, wir säten das Korn aufs Feld, und was wir säten, das bringt uns Geld. Es keimte, es wuchs – durch unser Mühn. Wir schauten aufs Wetter. Wir planten kühn: Kennt er die eignen Kräfte nur, bezwingt der Mensch auch die Natur. Wir zwangen das Wetter. Der Mähdrescher mäht. Wir halten in Händen, was wir gesät. Auch ohne Gott und Sonnenschein, so holten wir die Ernte ein.

1. Sprecher:	O nein, du hast unrecht, Bauer! So groß wie Gott sind wir Menschen nicht! Er befiehlt dem Wind. Er läßt es regnen und die Sonne scheinen, damit die Ernte gut wird. Und dafür danken wir ihm heute!
4. Sprecher:	Ach was! – Die Ernte bringe ich auch ohne Gott ein. Ich verlasse mich nur auf das Werk meiner Hände. Und ich habe gut gearbeitet. Die Scheunen sind voll, ja, neue mußte ich bauen, um alles Getreide einfahren zu können. Das bringt gutes Geld. Das bringe ich auf die Sparkasse. Ich habe ausgesorgt! Mir kann nichts mehr passieren!
1. Sprecher:	Du bist dumm und böse, Bauer! Du denkst nicht richtig nach. Du denkst nur an dich. Weil du Gott vergessen hast, vergißt du auch seine Menschen.
2. Sprecher:	Denn in der Welt verhungern Menschen, 10 000 Kinder an jedem Tag – in Afrika, Südamerika und Asien.
3. Sprecher:	Doch die Erde quillt über von Gütern und Gaben. Genug ließe sich besorgen und verteilen, wenn du, Bauer, und wir – es nur wollten.
4. Sprecher:	Was gehen mich die Neger und Inder an! Hauptsache, ich habe mein Schäfchen im trockenen! Mir hat auch noch keiner was gegeben! Doch jetzt nach dieser Ernte kann ich zu meiner Seele sagen: »Liebe Seele, du hast einen großen Vorrat auf viele Jahre; habe nun Ruhe, iß, trink und habe guten Mut!«
1. Sprecher:	Du Narr! Du glaubst, du bist sicher! Wenn du einmal sterben mußt, dann kannst du nicht einmal einen Strohhalm mitnehmen! Aber Gott wird dich fragen: Warum hast du mir nichts zu essen gegeben?
4. Sprecher:	Ich? – Aber ich habe Gott doch nie gesehen!
1. Sprecher:	Und Gott wird antworten: Weil du diesen Armen, deinen Brüdern, nicht zu essen gegeben hast, darum hast du mir nichts gegeben. Denn ich, Gott, verberge mich in allen, die Not leiden.
2. Sprecher:	Was wir den Armen verweigern, verweigern wir Gott.
4. Sprecher:	Aber das habe ich ja nicht gewußt!
3. Sprecher:	So geht es allen, die für sich Schätze sammeln und sind nicht reich in Gott. *(Sprecher 4 geht zur Seite)*
Sprecher 1–3:	Wir beten:
1. Sprecher:	Gott weiß viel tausend Weisen, zu retten aus dem Tod, ernährt und gibet Speisen zur Zeit der Hungersnot.
2. Sprecher:	Brich dem Hungrigen dein Brot. Gib dem Dürstenden Wasser. Heile die Kranken. Hilf den Gefangenen. Kleide, die nichts anzuziehen haben.
3. Sprecher:	Alles, was wir Gutes wirken, ist gesät in deinen Schoß. Und du wirst die Ernte senden, unaussprechlich reich und groß.
Chor:	Herr, groß sind deine Werke und sehr schön! Wir freuen uns daran! Amen.

III. Erzählpantomime »Vom Fischer und seiner Frau«

Ein einfacher Fischer wohnte mit seiner Frau Ilsebill in einer kleinen windschiefen Bude nahe am Meer. Da sind sie. Oft setzten sie sich vor ihrer Bude auf die Bank. Die Leute nannten ihre Bude »Pißpott«. Jetzt verabschiedet sich der Fischer von seiner Frau, nimmt seine Angelrute und geht an das Meer, um zu angeln.

Am Meer angekommen, wirft er seine Angel aus. Heute geht die Angelschnur ganz tief in den Grund. Der Fischer zieht an seiner Angel. Er zieht sie zu sich heran. Am Haken sitzt ein großer Butt. Da redet der Butt. Er fällt auf die Erde und sagt: »Ich bitte dich, Fischer, laß mich leben. Ich bin kein richtiger Butt. Ich bin ein verwunschener Prinz. Was hilft es dir, wenn du mich totmachst? Ich würde dir doch nicht schmecken. Setze mich wieder ins Wasser und laß mich schwimmen!« Der Fischer überlegt. Er kratzt sich am Kopf. Dann geht er zu der Angel und macht den Butt los. Der schwimmt in das tiefe Wasser zurück.

Der Fischer kommt zu Hause an. Er legt seine Angel neben die Bank und setzt sich auf die Bank zu seiner Frau. Seine Frau Ilsebill stößt ihn in die Seite und fragt: »Hast du nichts gefangen?« Da nickt der Fischer: »Doch, einen großen Butt. Aber das war kein richtiger – ein verwunschener Prinz war das.« Und er zuckt mit den Schultern: »Da habe ich ihn von der Angel wieder losgemacht und schwimmen lassen.«

Die Frau steht auf. Sie stemmt die Arme in ihre Hüften und wundert sich: »Und du hast dir nichts gewünscht?« Sie sieht sich die kleine windschiefe Bude an und jammert: »Es ist schlimm, hier immer in so einem Pißpott zu wohnen.« Sie zieht ihren Mann von der Bank hoch und drückt ihm die Angel in die Hand: »Geh noch einmal zum Meer und rufe den Butt. Sag ihm, wir möchten ein große Haus aus Stein haben. Er tut es gewiß.«

Der Fischer will erst nicht. Er schüttelt den Kopf. Doch die Frau schiebt ihn in Richtung Meer. Da geht er los.

Am Meer ist das Wasser grün und gelb. Der Fischer legt seine Angel neben sich. Er legt seine Hände an den Mund und ruft:

»Mantje, Mantje, Timpe Te,
Buttje, Buttje, in der See,
meine Frau, die Ilsebill,
will nicht so, wie ich wohl will.«

Da kommt der Butt angeschwommen und fragt: »Na, was will sie denn?«

Der Fischer windet sich. Er will nicht mit der Sprache heraus. Er schüttelt immer wieder den Kopf. Dann sagt er: »Ach, Butt, meine Frau sagt, ich soll mir was von dir wünschen, weil ich dich doch wieder schwimmen ließ. Meine Frau will nicht mehr in unserem Pißpott wohnen, sie möchte ein großes Haus

aus Stein haben.« Da sagt der Butt: »Geh nur hin, sie hat es schon«, und schwimmt weiter.

Da nimmt der Fischer seine Angel auf und geht nach Haus. Schon von weitem sieht er einen großen steinernen Palast. Er schlägt die Hände über dem Kopf zusammen. Seine Frau steht vor dem großen Portal und zieht ihn mit sich: »Komm doch herein!« Ein Diener macht das große Portal auf, durch das sie gehen. Sie sehen sich im Schloß um: Die Zimmer haben schöne Tapeten, goldene Möbel stehen da, kristallene Kronleuchter.

Die Frau Ilsebill setzt sich auf einen der vornehmen Stühle und überlegt. Dann steht sie auf und zeigt auf das herrliche Land, das vor ihnen liegt. Sie flüstert ihrem Mann ins Ohr: »Könnten wir nicht König sein über dieses Land?« Sie gibt ihrem Mann einen Schubs: »Geh hin zum Butt, wir wollen König sein.« Der Mann erhebt die Hände und sagt: »Ich mag nicht König sein!« Da stampft die Frau voller Zorn auf den Boden: »Aber ich will König sein!« Da bleibt dem Mann nichts anderes übrig, als wieder zum Meer zu gehen. Immer wieder schüttelt er den Kopf und murmelt vor sich hin: »Das ist nicht recht, das ist nicht recht.«

Das Meer ist schwarzgrau, das Wasser gärt von unten auf und riecht ganz faul. Da legt der Fischer seine Hände an den Mund und ruft:

»Mantje, Mantje, Timpe Te,
Buttje, Buttje, in der See,
meine Frau, die Ilsebill,
will nicht so, wie ich wohl will.«

Da kommt der Butt angeschwommen und fragt: »Na, was will sie denn?« Der Fischer windet sich. Er will nicht mit der Sprache heraus. Er schüttelt immer wieder den Kopf. Dann sagt er: »Ach, sie will König werden!« Da sagt der Butt: »Geh nur hin, sie ist es schon.« Und schwimmt weiter.

Der Fischer geht nach Hause. Zu Hause angekommen, geht er erst mal zwei Schritte zurück, so überrascht ist er: Das steinerne Haus ist noch viel größer geworden, ein Palast, ein Schloß ist es jetzt. Zwei Hellebardenträger stehen vor der mächtigen Schloßtür. Zweimal stoßen sie ihre Hellebarde auf den Boden, als der Fischer in das Schloß hineingeht. Seine Frau sitzt auf einem hohen Thron von Gold und Diamanten. Sie hat eine goldene Krone auf dem Kopf. Ein Diener reicht ihr gerade eine schöne Traube zum Essen.

Der Mann sinkt auf die Knie und fragt seine Frau: »Bist du nun König?« Da sagt die Frau: »Ja, ich bin nun König.« Sie nimmt die Krone vom Kopf und spielt damit: »Aber mir wird die Zeit schon lang. Ich kann es nicht mehr aushalten.« Sie steht von ihrem Thron auf und zeigt mit befehlender Geste auf ihren Mann: »Geh hin zum Butt und sag ihm, ich will Kaiser werden!«

Der Fischer wirft sich der Länge nach vor ihr auf den Boden: »Bitte nicht, Frau. Kaiser kann er nicht machen.«

Da zieht sie ihn vom Boden hoch und schiebt ihn in Richtung Meer: »Wenn er einen König machen kann, so kann er auch einen Kaiser machen. Gleich gehst du hin!« Da geht er kopfschüttelnd los. Unterwegs denkt er: »Das geht und geht nicht gut.«

Am Meer ist das Wasser ganz schwarz und dick und fängt von unten an zu gären, Blasen werden aufgeworfen, und es geht ein Windstoß darüber hin, daß das Wasser aufgewühlt wird. Da schaudert es den Mann. Aber er legt seine Hände an den Mund und ruft:

»Mantje, Mantje, Timpe Te,
Buttje, Buttje, in der See,
meine Frau, die Ilsebill,
will nicht so, wie ich wohl will.«

Da kommt der Butt angeschwommen und fragt: »Na, was will sie denn?« Der Fischer windet sich. Er will nicht mit der Sprache heraus. Er schüttelt immer wieder den Kopf. Dann sagt er: »Ach, Butt, meine Frau will Kaiser werden.« Da sagt der Butt: »Geh nur hin, sie ist es schon«, und schwimmt weiter.

Der Fischer geht nach Hause. Zu Hause angekommen, schlägt er die Hände vors Gesicht, so überrascht ist er: Das Schloß war noch größer geworden und noch schöner, aus poliertem Marmor mit vielen Figuren aus weißem Alabaster verziert. Vor dem Portal marschieren Soldaten. Die Hellebardenträger stoßen ihre Hellebarde dreimal auf den Boden, als der Fischer in den prächtigen Palast hineingeht. Seine Frau sitzt auf einem Thron, der ist aus einem einzigen Stück Gold. Sie hat eine Krone auf, die ist noch prächtiger als die Königskrone. Der Diener hinter ihr reicht ihr aus einem vornehmen Pokal goldenen Wein zum Trinken. Seine Frau regiert als Kaiser! Sie gibt dem obersten Minister ein Schriftstück, das im ganzen Reich verkündet werden soll. Der Minister verneigt sich vor ihr und macht sich auf den Weg, um den kaiserlichen Befehl überall zu verkünden.

Der Fischer sinkt auf die Knie und fragt seine Frau: »Bist du nun Kaiser?« Da sagt die Frau: »Ja, ich bin nun Kaiser.« Sie nimmt die Krone vom Kopf und spielt damit: »Nun will ich auch Papst werden.« Sie steht von ihrem Thron auf und zeigt mit befehlender Geste auf ihren Mann: »Geh sofort hin zum Butt!« Der Fischer wirft sich der Länge nach vor ihr auf den Boden: »Bitte nicht, Frau! Papst ist nur einer in der Christenheit. Papst kann er nicht machen!«

Da zieht sie ihn vom Boden hoch und schiebt ihn in Richtung Meer. Sie stampft auf den Boden: »Mann, ich will heute noch Papst werden. Geh sofort hin!« Er fleht sie an: »Nein, bitte nicht!« Da gibt sie ihm einen Tritt in den Hintern: »Ich bin Kaiser, und du bist nur mein Mann, willst du wohl hingehen?!« Da geht er los. Ihm ist ganz elend zumute. Und er zittert. Der Wind streicht über das Land, und die Wolken fliegen. Der Mann sieht es, als er den

Kopf zum Himmel reckt. Dann sieht er hinunter auf das Meer. Das Wasser braust und steigt über die Ufer. Ein schweres Gewitter scheint aufzuziehen. Der Mann bleibt in seiner Angst ganz verzagt stehen. Doch dann legt er seine Hände an den Mund und ruft:

»Mantje, Mantje, Timpe Te,
Buttje, Buttje, in der See,
meine Frau, die Ilsebill,
will nicht so, wie ich wohl will.«

Da kommt der Butt angeschwommen und fragt: »Na, was will sie denn?« Der Fischer windet sich. Er will nicht mit der Sprache heraus. Er schüttelt immer wieder den Kopf. Dann sagt er: »Ach, Butt, sie will Papst werden!« Da sagt der Butt: »Geh nur hin, sie ist es schon«, und schwimmt weiter.

Da geht der Fischer nach Hause. Zu Hause angekommen, fällt er vor Schreck auf den Hintern. Da steht jetzt ein gewaltiger Dom, von Palästen umgeben. Vor dem schönsten Palast marschieren Soldaten. Die Hellebardenträger stoßen ihre Hellebarden dreimal auf den Boden, als der Fischer in den Palast eintritt. Seine Frau sitzt auf dem prächtigsten Thron, den er je gesehen hat. Sie ist ganz prächtig gekleidet. Sie hat drei goldene Kronen auf. Der Diener reicht ihr einen Spiegel, in dem sie sich in ihrer ganzen Schönheit betrachten kann. Der Minister flüstert ihr die Namen der Würdenträger ins Ohr, die ihr ihre Huldigung bringen. Ein Würdenträger kommt nach dem anderen, verneigt sich vor ihr, kniet nieder, küßt ihr die Hände oder die Füße und stellt sich an seinen Platz zurück.

Auch der Fischer sinkt in die Knie und fragt seine Frau: »Bist du nun Papst?« Da sagt die Frau: »Ja, ich bin nun Papst.« Und sie steht auf und überlegt: »Könnte ich nicht auch Sonne und Mond aufgehen lassen?« Der Mann legt seine Hand ans Ohr, er glaubt, sich verhört zu haben, und fragt: »Ach, Frau, was sagtest du?« Da stampft sie wieder auf den Boden und sagt: »Mann, wenn ich nicht die Sonne und den Mond aufgehen lassen kann, habe ich keine ruhige Minute mehr.« Sie zeigt mit befehlender Geste auf ihren Mann: »Geh gleich hin zum Butt, ich will werden wie der liebe Gott!« Der Fischer wirft sich der Länge nach vor ihr auf den Boden: »Bitte nicht, Frau! Das kann der Butt nicht! Kaiser und Papst kann er wohl machen, aber nicht werden wie der liebe Gott!«

Da zieht sie ihn vom Boden hoch und gibt ihm eine Ohrfeige und schreit: »Ich halte das nicht aus, ich halte das nicht länger aus!« Sie schiebt ihn in Richtung Meer. »Willst du wohl hingehen?«

Da läuft er ganz schnell los. Draußen geht der Sturm, und es braust, daß er kaum auf den Füßen stehen kann. Häuser und Bäume werden umgeweht. Felsstücke rollen in die See. Der Himmel ist pechschwarz, es donnert und blitzt, und das Meer geht in schwarzen Wogen so hoch wie Kirchtürme und

Berge. Da legt er seine Hände an den Mund und schreit, obwohl er sein eigenes Wort nicht hören kann:

»Mantje, Mantje, Timpe Te,
Buttje, Buttje, in der See,
meine Frau, die Ilsebill,
will nicht so, wie ich wohl will.«

Da kommt der Butt angeschwommen und fragt: »Na, was will sie denn?« Der Fischer windet sich. Er will nicht mit der Sprache heraus. Er schüttelt immer wieder den Kopf. Dann sagt er: »Ach, Butt, sie will werden wie der liebe Gott.« Da sagt der Butt: »Geh nur hin, sie sitzt wieder in ihrem Pißpott«, und er schwimmt davon.

Da geht der Mann nach Hause. Schon von weitem sieht er seine Frau, die auf der Bank vor der alten windschiefen Bude sitzt. Sie hat die Hände vors Gesicht geschlagen und schluchzt. Da setzt er sich neben sie, guckt dwaräugig vor sich hin und denkt: »Jaja, so geht es allen, die zu viel wollen, die maßlose Wünsche haben. Werden wie der liebe Gott – das kann kein Mensch! Unser Gott muß Gott bleiben, sonst ist nichts richtig in der Welt.« Und vor dem Pißpott sitzen sie noch bis auf den heutigen Tag.

Für Fremde danken

Ein Familiengottesdienst mit 3. Mose 19,33.34

EBERHARD DIETRICH *und* ANDREAS WEIDLE

Zum biblischen Kontext:

Jesus hat seine Bibel gut gekannt! Er erzählt von dem Fremden, der sich zwischen Jerusalem und Jericho um den unter die Räuber Gefallenen annimmt. Dieser sorgt für ihn wie für sich selbst. Der Ausländer liebt den Verletzten wie sich selbst.
In 3. Mose 19,34a steht das überraschende Gebot:

»Du sollst den Fremden lieben wie dich selbst!«
Kann man das? Können *wir* das?

Der folgende Gottesdienstvorschlag will anleiten, nicht nur über Fremde nachzudenken, sondern für Fremde zu *danken*.

»Ihr seid auch Fremdlinge gewesen . . .«
Damit wird das Gebot der Liebe zum Fremden begründet. Es vertraut auf Erfahrung und Einsicht. In Israel weiß man, was das heißt: »Fremd sein«.
Die Fremden sollen leben »wie Einheimische«! Sie leben unter dem gleichen Schutz Gottes wie die Ortsansässigen.
Von daher ist es also nicht eine Frage der Mode oder der Beliebigkeit, wie Fremde unter uns und mit uns leben können.
»Ich bin der Herr, euer Gott.« – Das erste Gebot selbst begründet die Würde des Nächsten (3. Mose, 19,18) und auch des Fremden (3. Mose 19,34). Im Ausländer, im Fremden, im Neuen steht unser Glaube und unser Verhältnis zu Gott auf dem Spiel.
Deshalb ist dieses Thema für uns ein biblisch begründetes Thema – auch für die Kinderkirche.

Zur Vorbereitung:

Die Elemente dieses Gottesdienstes sollten in einer Gruppe (z. B. Konfirmanden, Kindergottesdienst-Mitarbeitern . . .) vorbereitet werden.
Besondere Vorarbeit benötigen die im Gottesdienstaufriß mit einem fetten Punkt ● gekennzeichneten Stücke. Unter II. sind diese Gottesdienstteile näher erläutert (siehe Seite 83 und 84).

Ort im Kirchenjahr:

Das Thema dieses Familiengottesdienstes zum Erntedankfest paßt auch in die Epiphaniaszeit oder zu Pfingsten. Teile dieses Gottesdienstentwurfes lassen sich auch mit Matthäus 2 (die Weisen aus dem Morgenland) oder Apostelgeschichte 2,1 ff. in Verbindung bringen.

I. Aufriß des Gottesdienstes

Eingangslied: »Lobt Gott, den Herrn, ihr Heiden all«, EKG/LfJ 189

Begrüßung:

- Einführung ins Thema
- *»Fremdes« auf dem Erntedankaltar*

Psalmgebet: Gott, du bist freundlich zu uns
(nach Psalm 67 in: »Er gebe uns ein fröhlich Herz«, Nr. 31, Seite 53)
oder: Psalm 104, 10–18, 24–31 (mit Vers 24 als Kehrvers)

(Lied/Kanon)

Gebet: z. B. »Wir möchten dich finden«
(in: »Er gebe uns ein fröhlich Herz«, Nr. 58, Seite 81)

Lied: »Hilf, Herr meines Lebens«, LfJ 654

Schriftlesung als Puzzle – Erste Deutung des Textes (3. Mose 19)

Lied: »Schwarze, Weiße, Rote, Gelbe . . .«, LfJ 658

Verkündigung: »Den sollst du nicht bedrücken«

- Kurzform der Erzählung »Tante Wilma und die Türken«
- Was wir Fremden aufladen – Spiel mit der Grafik
- Was wir abladen können – Fortsetzung des Spiels

Lied: »Schwarze, Weiße, Rote, Gelbe . . .« (neuer Text!)

- *Ansprache*

(evtl. Lied)

Gebet – Vaterunser

Lied: »Nun preiset alle«, EKG/LfJ 380

Opferankündigung – Weitere Bekanntgaben

Segen
Segenslied (Wir geben uns dazu die Hände!) Wir nehmen das Textpuzzle als Erinnerung mit nach Hause!

II. Zu einzelnen Gottesdienstbausteinen

Begrüßung – Einführung ins Thema

»Für Fremde danken« – so heißt heute das Thema unseres Gottesdienstes. Vielleicht wundert Sie das. Aber wir haben entdeckt, was über die Fremden in der Bibel steht – und davon wollen wir heute Ihnen etwas zeigen:

Fremde sind ein Grund zum Danken

Zunächst wollen wir mit Ihnen den Erntedankaltar ansehen und miteinander entdekken, wieviel Fremdes den Weg zu uns gefunden hat und wie selbstverständlich uns das schon geworden ist!

Fremdes auf dem Erntedankaltar

Auf dem Erntedankaltar sind unter den Gaben viele Dinge, die nicht aus unserer unmittelbaren Umgebung stammen. Vielleicht haben wir auch ein wenig nachgeholfen.
Zum Beispiel: Reis, Südfrüchte, Kaffee, Tee, Paprika, Oliven, Auberginen (die Kartoffel war bei unseren Vätern unbekannt = fremd)!
Wir staunen miteinander, wie viel aus fremden Ländern den Weg zu uns gefunden hat und wie wir uns daran schon gewöhnt haben.
Wir sind dankbar dafür.

Schriftlesung als Puzzle

Die acht Halbsätze aus 3. Mose 19,33.34 werden in acht gleich große Rechtecke geschrieben (auf ein Blatt, insgesamt DIN A5). Die Kopien werden zerschnitten. Die acht Halbsätze kommen immer in einen Umschlag.
Immer zwei Gottesdienstbesucher bekommen einen solchen Umschlag und versuchen, im Gottesdienst den Text zusammenzusetzen. (Vorher in der Vorbereitungsgruppe ausprobieren, ob die Größe stimmt und was für eine Unterlage benötigt wird!)
Eine Gruppe im Altarraum versucht dasselbe mit übergroßen, weithin lesbaren Stükken an einer Wand, Tafel oder ähnlichem.
Am Schluß wird der Text gemeinsam gelesen.

Erste Deutung

Sicher staunen auch Sie über diese unbekannten Worte aus 3. Mose 19. Bekannter wird Ihnen sicher ein anderer Vers aus 3. Mose 19 sein, nämlich: »Du sollst deinen Nächsten lieben wie dich selbst.«
Aber heute zeigt sich doch, daß da auch steht: »Du sollst einen Fremden lieben wie dich selbst.«
Und: Es wird daran erinnert, daß man in Israel weiß, was es bedeutet, fremd zu sein.
Über allem aber steht das erste Gebot. Weil Gott unser Gott und Herr ist, deshalb gehören wir zusammen: Einheimische und Fremde – alle Menschen.

Erzählung/Spielszene: »Tante Wilma und die Türken«

Diese Geschichte von Gudrun Pausewang* (siehe Seiten 84/85) ist in einer Gruppe (Jungschar, Kindergottesdienst) vorgelesen bzw. erzählt worden. Daraus ist eine Kurzform der Geschichte entstanden, die die Kinder vorlesen.
Wenn jemand besonders spielerisch begabt ist, kann auch ein Gespräch zwischen Tante Wilma und der Großmutter gespielt werden.

* Aus dem Buch: Renate Schupp (Hrsg.), »Steig ein, fahr mit«, Verlag Ernst Kaufmann, Lahr

Was wir Fremden aufladen – was wir ihnen abladen könnten

Spiel mit der Grafik

Die abgebildete Grafik kann ohne Schwierigkeiten auf einen großen Papierbogen übertragen werden, der in der Kirche aufgehängt wird. »Was wir unserem Nächsten aufladen«, so kann der Stein auf der Schulter der Gestalt beschriftet werden.
Wir heften die bei uns – und bei Tante Wilma – vorhandenen Vorurteile an und legen sie der großen, fremden Gestalt als Last auf.
In einem zweiten Schritt wird überlegt, was wir abladen könnten. Die Laststücke werden durch neue Aufschriften »korrigiert«: zum Beispiel »grüßen«, »miteinander reden« und nicht zu vergessen: Tante Wilmas »Ablade-aktionen«, wie z. B. »Hilfe bei Hausaufgaben . . .«

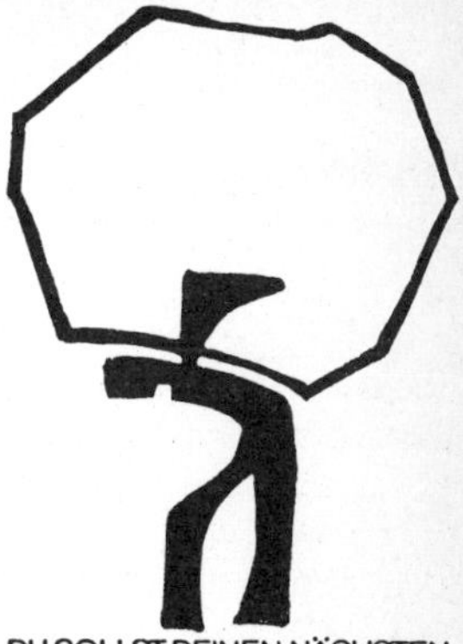

Lied von allen *(neuer Text – Melodie nach LfJ 658)*

Schwarze, Weiße, Rote, Gelbe,
Gott hat sie alle lieb,
Schwarze, Weiße, Rote, Gelbe,
Gott hat sie alle lieb.
Gott hat keinen liebsten Menschen,
Gott hat sie alle lieb.
Gott ist Liebe, Gott gibt Frieden,
Gott hat uns lieb.

Thai und Griechisch, Deutsch und Englisch,
Gott hat sie alle lieb.
Thai und Griechisch, . . .
Gott hat keine liebsten Völker
Gott hat sie alle lieb.
Gott ist Liebe, . . .

Vögel, Esel, Affen, Mäuse, . . .
Gott hat keine liebsten Tiere,
Gott ist Liebe . . .

Erde, Bäume, Berge, Wasser,
Gott hat sie uns geschenkt.
Erde, Bäume, Berge, Wasser,
Gott gab sie uns.
Gott liebt alles, was er machte,
Gott hat es uns geschenkt.
Gott ist Liebe, Gott gibt Frieden,
Gott hat uns lieb.

Mädchen, Jungen, Männer,
Frauen . . .
Gott liebt keinen mehr als andre, . . .

Arme, Reiche, Gesunde, Kranke, . . .
Gott hat uns sein Wort gegeben:
Er hat uns alle lieb.
Gott ist Liebe, Gott gibt Frieden, . . .

Für Fremde danken – Gedanken zur Ansprache

Fremdes macht angst. Das ist normal. Aber auch, daß man Vorurteile hat oder sich abschließt ist verständlich. Bei unserem »Ablade-Spiel« haben wir ein wenig in der anderen Richtung gedacht. Aber es geht nicht nur um ein Spiel, nicht nur um ein wenig Menschlichkeit. Wie wir mit Fremden umgehen, dabei steht Gottes Herrschaft auf dem Spiel. Das zeigt unser Text: 3. Mose 19,33.34.
Was das heißt, müssen wir erst miteinander entdecken. Aber wir werden gute Entdekkungen machen, wenn wir Fremde in Gottes Namen wie Einheimische bei uns leben und wohnen lassen.

Tante Wilma ist eigentlich meine Großtante. Ich konnte sie früher nicht besonders leiden. Sie war steif und langweilig. Vor allem rümpfte sie gerne ihre Nase über andere Leute. Jetzt ist sie aber ganz anders geworden. Ich gehe sie gerne besuchen. Bei ihr ist immer etwas los.

Sie wohnt in der Kantstraße 13, im ersten Stock. Das Haus ist schon ziemlich alt und hat nur zwei Stockwerke. Früher hat der Hausbesitzer, ein alter Freund von Tante Wilmas verstorbenem Mann, im Erdgeschoß gewohnt. Er hat aber vor einem Jahr das Haus verkauft und ist weggezogen. Der neue Hausbesitzer wollte das Haus abreißen und an dieser Stelle einen Supermarkt hinbauen. Deshalb suchte er keine neuen Mieter für das Erdgeschoß und forderte auch Tante Wilma auf, woanders hinzuziehen.

Tante Wilma war entrüstet. „Siebenundzwanzig Jahre lebe ich jetzt in dieser Wohnung", sagte sie zu meiner Großmutter. „Soll ich etwa, so alt wie ich bin, noch umziehen in eine Wohnung, an die ich mich nicht mehr gewöhnen kann? Ich denke nicht daran! Ich bleibe, wo ich bin!"

„Recht hast du", sagte meine Großmutter. „Rauswerfen kann er dich nicht, denn du hast in deinem Mietvertrag stehen, daß du bis an dein Lebensende hier wohnen bleiben darfst."

„Wenn es nur nicht so einsam wäre", seufzte Tante Wilma. „Allein in einem leeren Haus! Wenn ich krank werde, merkt es kein Mensch."

„Laß dir ein Telefon legen", riet ihr meine Großmutter. Tante Wilma schaffte sich also ein Telefon an und war wieder zufrieden. Da ließ sich der neue Hausbesitzer etwas einfallen, um die arme Tante aus dem Haus zu graulen. „Stell dir vor", berichtete Tante Wilma meiner Großmutter bestürzt, „ins untere Stockwerk sind Türken eingezogen!"

„Großartig", sagte meine Großmutter. „Da kommt ja wieder Leben ins Haus."

„Du hörst mir ja gar nicht richtig zu!" klagte Tante Wilma. „Es handelt sich um Türken! Um echte Türken! Eine Familie mit sechs oder sieben Kindern, und das ganze Treppenhaus riecht schon nach Knoblauch! Wie soll ich mir denn die Flöhe vom Leibe halten? Und es sind nicht einmal Christen!"

„Irgendwo müssen sie ja schließlich unterkommen", meinte meine Großmutter.

„Aber doch nicht ausgerechnet bei mir!" schluchzte Tante Wilma. „Ich bin doch nicht solche primitiven Nachbarn gewöhnt. Mein Karl war

Aus: Renate Schupp, »Steig ein, fahr mit«, Verlag Ernst Kaufmann, Lahr

Uhrmachermeister!" „Nun hab dich nicht so, Wilma", sagte meine Großmutter. „Entweder du gewöhnst dich an die Türken, oder du ziehst eben aus." „Jawohl", schrie Tante Wilma ins Telefon, „ich ziehe aus!". Dann legte sie beleidigt den Hörer auf und ließ nichts mehr von sich hören.
Zwei Wochen später begegneten wir ihr im Kaufhaus. Sie stand vor einem Bücherregal. Als sie uns entdeckte, schob sie hastig ein deutsch-türkisches Wörterbuch ins Regal zurück, grüßte kurz und verschwand. „Man muß ihr Zeit lassen", sagte meine Großmutter. Vier Wochen später, in der Adventszeit, begegneten wir ihr wieder. Sie kaufte gerade ein halbes Dutzend Kinderpudelmützen ein.
„Hast du schon eine neue Wohnung gefunden?" fragte meine Großmutter.
„Ich helfe dir natürlich beim Umzug."
„Nur nicht so hastig", antwortete Tante Wilma. „Sowas kann man nicht überstürzen. Übrigens hätte ich gern das Lebkuchenrezept von dir, weißt du, das von unserer Mutter."
„Seit wann bäckst du denn Weihnachtsgebäck?" fragte meine Großmutter erstaunt. „Das hast du doch seit Karls Tod nicht mehr getan."
Tante Wilma überhörte ihre Frage und sagte: „Ihr habt doch noch den alten Kinderwagen auf dem Dachboden stehen. Ich hätte zufällig Verwendung für ihn!" „Gut", sagte meine Großmutter. „Peter kann ihn dir morgen bringen."
„Ich hab's eilig", sagte Tante Wilma. „Ich muß noch Weinblätter besorgen. Also bis morgen. Komm doch auch, Berta, zum Mittagessen." Und weg war sie. Wir starrten ihr mit offenem Mund nach. „Sie riecht nach Knoblauch, hast du's gemerkt?" hauchte meine Großmutter.
Am nächsten Tag schoben wir den alten Kinderwagen in die Kantstraße. Vor Nummer 13 spielten ein paar Kinder. Sie hatten schwarze Augen und schwarze Haare. Im Treppenhaus roch es nach Knoblauch und allerhand anderem, aber es roch so, daß man Appetit bekam. Irgendwo im Erdgeschoß sang jemand. Eine dicke Frau schaute aus einer Tür und grüßte freundlich. Sie half uns mit dem Wagen die Treppe hinauf. Tante Wilma war nicht allein. Zwei schwarzäugige Jungen, etwas jünger als ich, saßen auf ihrem guten Plüschsofa und beugten sich über Hefte.
„Das ist Achmed und das Mustafa", sagte Tante Wilma. „Beide hochintelligent und so bescheiden und wohlerzogen. Ich helfe ihnen bei den Hausaufgaben. Den Wagen hättet ihr gleich unten lassen können, der ist für das Jüngste. Ich glaube, ich werde mich entschließen, dem Mustafa Klavierstunden zu geben. Er ist so musikalisch. Und schließlich möchte ich mich auch erkenntlich zeigen. Denn sein Vater schleppt mir immer das Heizöl aus dem Keller herauf und repariert mir, wenn was kaputt ist. Seine Mutter hat mich rührend versorgt, als ich mit einer Halsentzündung im Bett lag." Sie gab jedem der Jungen ein paar Plätzchen, sagte etwas zu ihnen, was wir nicht verstanden, und schickte sie hinunter.

Es gab Reis und Hackfleisch, eingewickelt in Weinblättern. Es schmeckte ausgezeichnet.
„Das ist was Türkisches", erklärte Tante Wilma. „Man lernt nie aus. Guckt euch mal dies dort an. Das wird ein kleiner Teppich. Das Knüpfen habe ich auch von ihnen gelernt. Wirklich sehr nette Leute: ehrlich, herzlich und hilfsbereit. Übrigens habe ich mich entschlossen, hier wohnen zu bleiben."
„Aber die Flöhe!" rief ich.
„Wieso denn Flöhe?" antwortete sie. „Die Leute sind sehr sauber."
„Aber es sind nicht einmal Christen", bemerkte meine Großmutter.
„Na und?" rief Tante Wilma empört. „Mancher, der sich einbildet, ein Christ zu sein, könnte von denen noch eine Menge lernen. Immer diese dummen Vorurteile!"

von Gudrun Pausewang

Aufgreifen von Apostelgeschichte 10

Wem der Text 3. Mose 19 nicht genügt, der kann hier natürlich auch z. B. eine Erzählung von Apostelgeschichte 10 einfügen:
Petrus lernt nur mit Mühe und Gottes ausdrücklicher Hilfe, daß Gottes Güte allen Menschen gilt - auch den Fremden!
Uns wird seine Geschichte erzählt, damit unser Mut wächst, das zu glauben: Durch Jesus sind auch Fremde Brüder.
Ein erster Schritt in diese Richtung ist: Für Fremde danken. Das wollen wir jetzt in diesem Gottesdienst miteinander tun.

Gebet

Ein Gebet mit Dank für das Fremde und die Fremden
und mit der Bitte für die Fremden
und für unseren Umgang mit den Fremden
entsteht am besten in einer Gruppe: z. B. Helferkreis, Konfirmanden.
Einzelne Abschnitte können in einen gemeinsam gesungenen Dank bzw. in eine Kyrie einmünden.

Beispiele für Kehrverse

finden Sie in »Er gebe uns ein fröhlich Herz«:
»Lieber Gott, wir danken dir . . .« (aus Nr. 95, S. 106)
»Mein Gott, das muß anders werden . . .« und
»Herr, erbarme dich« (Nr. 20–22, Seite 47)

Eine andere Möglichkeit ist ein Gebet mit dem Kehrvers:
»Herr, deine Güte reicht, so weit der Himmel ist;
du läßt deine Sonne scheinen über Böse und Gute« (a.a.O. Nr. 49, Seite 76)

Frederick

Ein Mäusspiel nach einer Geschichte von Leo Lionni

eingerichtet von Ulla Manfroid

Biblischer Kontext: Psalm 104; 1. Mose 2,15; Matthäus 6,24–34

Mitspieler: Sprecher; Frederick; beliebig viele Mäuse, fünf mit Sprecherrollen

Zur Vorbereitung:

1. Raumgestaltung
- Vorne an der Kanzel ist eine »Steinmauer« aufgebaut. Hier haben die Mäuse ihr Nest und hier bringen sie ihre Vorräte hin.
- Ein großer Strohballen ist Fredericks Lager.
- In der ganzen Kirche sind »Vorratshäufchen« versteckt: Maiskolben, Nüsse, Ähren, Säckchen mit Korn . . .

2. Kostüme der Mäuse
- Strumpfhosen und Pullis in Braun, Schwarz, Grau . . .
- Ohren aus farbigem Tonpapier oder beklebte Käseschachteln werden an einem breiten Band befestigt, das unter dem Kinn gebunden werden kann.
- Der Schwanz kann aus grauem Webpelz geschnitten werden.

I.

Alle Mäuse *(stehen vorne an der Steinmauer)*

Sprecher: Rund um eine Wiese herum, wo Kühe und Pferde grasten, stand eine alte, alte Steinmauer. In dieser Mauer – nahe bei Scheuer und Kornspeicher – wohnte eine Familie schwatzhafter Feldmäuse.
(Alle Mäuse, unterhalten sich) . . .
Aber die Bauern waren weggezogen, Scheuer und Kornspeicher standen leer. Und weil es bald Winter wurde, begannen die kleinen Feldmäuse Körner, Nüsse, Weizen und Stroh zu sammeln.

(Mäuse sammeln ihre Körner, huschen hin und her und sammeln alles an einer Stelle in ihr Nest. – Frederick sitzt auf seinem Strohballen und denkt nach.)

Maus 1: *(ruft begeistert:)* Hier sind ganz viel Körner, toll!

Maus 2: Und hier Nüsse! Schnell, kommt her!
(Ein paar Mäuse laufen hin und helfen tragen. Als sie vorne sind:)

Maus 3: Ich glaub', jetzt reicht es aber, jetzt haben wir *viel* gesammelt!

Maus 4: Quatsch! Solange draußen noch was da ist, holen wir es, man kann nie genug haben!

Sprecher: Und die Mäuse arbeiteten weiter Tag und Nacht. Alle – bis auf Frederick.
(Ein paar Mäuse huschen weiter durch die Kirche und sammeln. Die anderen stehen vorne und entdecken Frederick.)

Maus 5: He, schaut mal, ich glaub' der Frederick schläft!

Maus 1: Frederick, warum arbeitest du nicht?

Frederick: Aber ich arbeite doch! Ich sammle Sonnenstrahlen für die kalten, dunklen Wintertage.
(Frederick sitzt da und schaut abwechselnd nach oben und auf die »Wiese«. Mäuse arbeiten weiter. Als sie wieder vorne sind:)

Sprecher: Und als die Mäuse Frederick so dasitzen sahen, wie er auf die Wiese starrte, sagten sie:

Mäuse: Und nun, Frederick, was machst du *jetzt*?

Frederick: Ich sammle Farben, schöne, bunte Farben, damit ich den bunten Sommer und die bunten Blumen nicht vergesse – der Winter wird grau.
(Frederick lehnt sich zurück und tut so, als ob er eingeschlafen wäre.)

Mäuse: *(vorwurfsvoll)* Träumst du, Frederick?

Frederick: Aber nein, ich sammle Wörter. Es gibt viele lange Wintertage – und dann wissen wir nicht mehr, worüber wir sprechen sollen.

II.

Sprecher: Als nun der Winter kam und der erste Schnee fiel, zogen sich die kleinen Feldmäuse in ihr Versteck zwischen den Steinen zurück.
(Alle Mäuse gehen ins Versteck, knappern an ihren Vorräten; auch Frederick!)
In der ersten Zeit gab es noch viel zu essen, und die Mäuse erzählten sich Geschichten über singende Füchse und tanzende Katzen. Da war die Mäusefamilie ganz glücklich!
Aber nach und nach waren fast alle Nüsse und Beeren aufgeknabbert, das Stroh war alle, und an Körner konnten sie sich kaum noch erinnern.
Es war auf einmal sehr kalt zwischen den Steinen der alten Mauer *(die Mäuse rücken eng zusammen)* und keiner wollte mehr sprechen.
Da fiel ihnen plötzlich ein, wie Frederick von *Sonnenstrahlen, Farben* und *Wörtern* gesprochen hatte. Und sie riefen:

Mäuse: Frederick!! Was machen *deine* Vorräte?

III.

Frederick: *(Steigt auf den Strohballen)*
Macht die Augen zu. –
Jetzt schicke ich euch die Sonnenstrahlen. –
Fühlt ihr schon, wie warm sie sind?
Warm, schön und golden?

Musik: z. B.: »Sonnenstrahlen, Wärme ...« oder »Kinder träumen vor sich hin«

Sprecher: Und während Frederick so von der Sonne erzählte, wurde den vier kleinen Mäusen schon *viel* wärmer. Ob das Fredericks Stimme gemacht hatte? Oder war es ein Zauber?
(Mäuse öffnen die Augen ...)

Maus 1: *(aufgeregt)* Und was ist mit den *Farben*, Frederick?

Frederick: Macht wieder eure Augen zu!

Sprecher: Und als er von blauen Kornblumen und roten Mohnblumen im gelben Kornfeld und von grünen Blättern am Beerenbusch erzählte, da sahen sie die Farben so deutlich vor sich, als wären sie aufgemalt in ihren kleinen Mäuseköpfen.

Maus 2: Und die *Wörter*, Frederick?

Frederick: *(räuspert sich, wartet einen Augenblick und spricht dann wie von einer Bühne herab.)*
»Wer streut die Schneeflocken? Wer schmilzt das Eis?
Wer macht lautes Wetter? Wer macht es leis?
Wer bringt den Glücksklee im Juni heran?
Wer verdunkelt den Tag? Wer zündet die Mondlampe an?
Vier kleine Feldmäuse wie du und ich
wohnen im Himmel und denken an dich.
Die erste ist die Frühlingsmaus, die läßt den Regen lachen.
Als Maler hat die Sommermaus die Blumen bunt zu machen.
Die Herbstmaus schickt mit Nuß und Weizen schöne Grüße.
Pantoffeln braucht die Wintermaus für ihre kalten Füße.
Frühling, Sommer, Herbst und Winter sind vier Jahreszeiten.
Keine weniger und keine mehr. Vier verschiedene Fröhlichkeiten.«

Alle Mäuse: *(klatschen und rufen:)* Frederick, du bist ja ein Dichter!

Frederick: *(verbeugt sich verlegen und sagt:)*
Ich weiß es, ihr lieben Mäusegesichter.

Dem Spiel liegt die Geschichte zugrunde von Leo Lionni: »Frederick«, deutsch von Günter Bruno Fuchs, nach dem gleichnamigen Bilderbuch aus dem Gertraud Middelhauve Verlag, Köln. Die Bearbeitung und der Abdruck erfolgte mit freundlicher Genehmigung.

Sonne, Wasser, Blumen, Brot – danke guter Gott

Ein Spiel für die Kleinen im Kindergottesdienst oder Kindergarten zum Erntedankfest

GISELA KLAUS

Sprecher/Spieler:

Mindestens 11 Einzelsprecher sowie eine beliebige Anzahl von »Blumen«. Das Spiel kann für jede Anzahl von Kindern eingerichtet werden.

Zum Spiel:

Die Kinder stehen um den Altar. Jedes Kind trägt ein Körbchen, ein Ährenbündel oder einen Blumenstrauß. Die Gaben werden auf dem Altar niedergelegt, nachdem jedes Kind seinen Spruch aufgesagt hat.
Regen, Sonne und Wind sind grau, gelb und blau verschleiert.
Eingerahmt wird das Spiel durch ein Lied der Kinder.

Lied der Kinder:

Zum Beispiel: »Du hast uns deine Welt geschenkt«, von Detlef Jöcker, in dem Liedheft: »Solange die Erde lebt«; Menschenkinder Musikverlag, Am Hagen 5, 4400 Münster.
Zu diesem Lied kann man leicht Bewegungen und eigene Strophen erfinden.
Oder: »Wir pflügen und wir streuen den Samen auf das Land«, LfJ 641.

1.

Sonne:
Ich bin die Sonne.

Wind:
Und ich bin der Wind.

Regen:
Und der Regen, der bin ich.

Sonne:
Ich scheine ganz warm.

Wind:
Und ich blase geschwind.

Regen:
Und ich regne ganz fürchterlich.

Sonne:
Ich wärme die Erde,
ich wärme den Keim,
das Feuer des Lebens bin ich.

Wind:
Ich jage die Wolken,
ich wiege den Halm,
die luftige Luft bin ich.

Regen:
Ich gieße die Blumen,
ich tränke das Feld,
das Wasser des Lebens bin ich.

Alle Kinder:
Sonne voll Feuer,
Luft voller Wind,
Regen voll Wasser –
vom Himmel wir sind.
Gott, der Herr, schickte uns alle zur Erde,
damit eine reiche Ernte euch werde.

2.

Weizen:
Ich bin der Weizen,
ich bin das Brot,
ich bin der Segen
vom lieben Gott.

Gerste:
Ich bin die Gerste,
ich bin das Brot,
ich bin der Segen
vom lieben Gott.

Roggen:
Ich bin der Roggen,
ich bin das Brot,
ich bin der Segen
vom lieben Gott.

Weizen, Gerste und Roggen gemeinsam:
Wir sind das Korn,
wir sind das Brot,
wir sind der Segen
vom lieben Gott.

3.

Apfel:
Ich bin der Apfel, rot und rund,
gar lieblich anzuschaun,
für Kinder bin ich sehr gesund,
für Männer auch und Fraun.

Birne:
Ich bin die Birne, schön gelb und weich,
hing gestern noch am Baum,
ich schmecke allen, ob arm, ob reich,
bin so saftig, ihr glaubt es kaum!

Zwetschgen:
Und wir sind die Zwetschgen, blau an blau,
des Gartens fröhliche Kinder,
wir füllen die Gläser der Bauersfrau
und schmecken gar köstlich im Winter.

Kartoffel:
Die liebe Sonne sah ich nicht
und bin doch Gottes Kind,
der Bauer holte mich ans Licht,
wo meine Schwestern sind.

Rübe:
Auch ich lag in der Erde Schoß,
in warmer, sichrer Hut,
ich wurde langsam dick und groß –
das tut den Kühen gut!

4.

Alle Blumen gemeinsam:
Wir sind das Allerschönste
was jetzt im Garten steht,
wir leuchten lila, rot und gelb –
so bunt, wie es nur geht.

Wir tragen keine Früchte,
wir geben auch kein Brot,
dafür sind wir ein Lächeln –
ganz leis – vom lieben Gott.

Erntelied
(wird wieder gemeinsam als Abschluß gesungen)

Es war einmal ein großer Herr

Ein Spiel nach Moritaten-Art zu Matthäus 25,14–30

ALBRECHT SCHMIDT-BRÜCKEN

Mitspieler: Vorsänger (einer oder mehrere); der Herr; drei Knechte

Zum Spiel:

Gespielt wird vor dem Altar. Der Herr nimmt die Talente vom Altar (zum Beispiel Äpfel von den Erntegaben). Während seiner Abwesenheit setzt er sich abseits.
Die zwei ersten Knechte gehen mit ihren Talenten, die sie am besten in einem gut einsehbaren Korb tragen, beim entsprechenden Liedvers hinter den Altar, wo sie den Korbinhalt dann verdoppeln und wieder nach vorne kommen.
Der Herr stellt, wenn er von den Knechten das Erworbene zurückerhält, die Körbe auf den Altar.
Das Loch, indem der Dritte sein Talent vergräbt, kann mit einer Schachtel im Vordergrund dargestellt werden, in die er seine Gabe legt und versteckt (Schachtel zu). Er gibt sich also auch hinsichtlich des Weges keine Mühe. Am besten setzt er sich danach vor den Altar, während die anderen stehen. Im letzten Vers geht der Dritte abseits, während der Herr den zwei anderen bereitstehende, größere und vollere Körbe gibt.
Die beiden flankieren am Schluß den Herrn.
Die Aufführung geschieht pantomimisch. Das Spiellied kann von den Kindergottesdienst-Mitarbeitern oder von Kindern gesungen werden.

Ein zusätzlicher Akzent der Freude

Es kann auch ein kleiner Chor aufgestellt werden, der jeweils den Refrain anstimmt und singt. Dieser Chor bildet nach dem Schlußvers ein Spalier: jeweils zwei Sänger stehen sich mit erhobenen Händen gegenüber und bilden eine Art Laubengang.
Durch diesen Laubengang gehen die zwei neu beschenkten Knechte in die Kirche; der Refrain wird dabei immer weitergesungen.
Während die beiden Knechte durch die Kirche gehen, teilen sie aus ihren Körben an die Gemeinde aus. Der Chor schließt sich ihnen an (also ein Umzug) und teilt ebenfalls aus den für ihn bereitstehenden Körben aus: Erntegaben (Äpfel oder andere Früchte) oder auch Bibelworte, die als Einzelkärtchen verschenkt werden.

Es war einmal ein großer Herr

(Den Kehrvers singen alle nach jeder Strophe.)

2. Als der Herr das Haus verläßt, steht schon für den Ersten fest:
»So begabt, wie ich jetzt bin, mach ich sicherlich Gewinn.
Fang ich mit dem Pfand was an, freut mein Herr sich wieder dran.
Wird aus seinen Gaben was, hat mein Herr dran seinen Spaß.«
Seht, mit der Talente Zahl, schafft er gleichviel noch einmal,
schafft mit Eifer fast im Nu, fünf Talente noch dazu.

3. Als der Herr das Haus verläßt, steht schon für den Zweiten fest:
»So begabt, wie ich jetzt bin, mach ich sicherlich Gewinn.
Fang ich mit dem Pfand was an, freut mein Herr sich sicher dran.
Wird aus seinen Gaben was, hat mein Herr dran seinen Spaß.«
Seht, mit der Talente Zahl, schafft er gleichviel noch einmal,
schafft mit Eifer fast im Nu, zwei Talente noch dazu.

4. Als der Herr das Haus verläßt, steht auch für den Dritten fest:
»So begabt, wie ich jetzt bin, mach ich sicherlich Gewinn.
Aber warum soll ich das? Nur für meinen Herrn zum Spaß?
Was hat das für einen Sinn? Nein, ich bleibe, wie ich bin.«
Seht, da macht der Faule doch in die Erde nur ein Loch.
In ein Loch wie in ein Grab legt er, was sein Herr ihm gab.

5. Kam der Herr nach Haus zurück, gilt's dem Ersten als ein Glück.
Fröhlich tritt er vor den Herrn, öffnet seine Schätze gern:
»Sieh, was ich mit deinem Pfand in der Zwischenzeit erfand.
Fünf Talente gabst du mir, noch mal fünf fand ich dafür.«
Sagt der Herr: »Du frommer Knecht! Wie du lebst, so lebst du recht,
weil das Leben nur gelingt, wenn die Saat auch Ernte bringt.«

6. Kam der Herr nach Haus zurück, gilt's dem Zweiten auch als Glück.
Fröhlich tritt er vor den Herrn, öffnet seine Schätze gern:
»Sieh, was ich mit deinem Pfand in der Zwischenzeit erfand.
Zwei Talente gabst du mir, noch mal zwei fand ich dafür.«
Sagt der Herr: »Du frommer Knecht! Wie du lebst, so lebst du recht,
weil das Leben nur gelingt, wenn die Saat auch Ernte bringt.«

7. Kam der Herr nach Haus zurück, gilt's dem Dritten nicht als Glück.
Mürrisch tritt er vor den Herrn, öffnet seinen Schatz nicht gern:
»Herr, was du mir zugedacht, damit hab' ich nichts gemacht.
Das Talent und den Gewinn, nähmest du doch wieder hin.«
Sagt der Herr: »Du böser Knecht! Wie du lebst, so lebst du schlecht,
weil das Leben nicht gelingt, wenn die Saat nicht Ernte bringt.«

8. Ruft der Herr: »Den bösen Knecht werft hinaus, der taugt nicht recht!«
Ruft der Herr: »Die Guten her! Seht, ich gebe euch noch mehr.
Wer ein paar Talente ehrt, der ist viel Talente wert.
Wer mit Wenig Gutes tut, der ist auch für Vieles gut.«
Euer Leben ist die Saat, die so große Hoffnung hat,
weil das Leben wohl gelingt, wenn es treu die Ernte bringt.

Ich freue mich, denn ich lebe

Eine Sprechmotette zum Erntedankfest (auch als Eingangsgebet)

1. Ich freue mich, denn ich lebe.
Mein Herz schlägt in mir.
Ich öffne die Augen und kann sehen;
ich atme den Duft der Blumen
und schmecke die Süßigkeit
der Frucht.

2. Wer macht, daß ich das kann?
Wer hat mir mein Gesicht gegeben,
wer gab mir die Stimme,
wer gibt mir den Schlaf in der Nacht
und weckt mich am Morgen?

Alle: *Geborgen ist mein Leben in Gott.*
Er hält mich in seinen Händen.

1. Ich habe jeden Tag zu essen,
Kleider, die mich wärmen,
ein Dach über dem Kopf.
Ich habe nicht alles,
was ich mir wünsche,
aber alles, was ich brauche.
Ich kann arbeiten,
ich kann denken.

2. Wer macht, daß ich das kann?
Wer gibt mir Nahrung und
Kleidung?
Wer gibt mir die Freude,
die ich zum Leben brauche?
Wer sorgt für mich
und hat mich lieb?

Alle: *Geborgen ist mein Leben in Gott.*
Er hält mich in seinen Händen.

1. Das Brot allein macht nicht satt.
Ich brauche Mut zum Leben,
ich brauche ein Ziel und einen Weg,
jemand, der mich begleitet,
der mich tröstet, wenn ich traurig bin,
der mich annimmt, so wie ich bin,
der mich kennt.

2. Wer gibt mir den Halt,
den ich brauche?
Wer zeigt mir den Weg,
den ich gehen kann?
Wer leitet mich
mit seinem guten Wort,
daß ich nicht irre?

Alle: *Geborgen ist mein Leben in Gott.*
Er hält mich in seinen Händen.

1. Schweres wird mir nicht erspart
bleiben.
Manchmal bin ich traurig.
Mein Leben ist gefährdet,
von Krankheit bedroht,
vom Tod überschattet.
Wie kann ich da überhaupt
noch fröhlich sein?

2. Weil Gott mich nie verläßt
kann ich vor Freude singen
und das Fest feiern.
Ich kann Gott loben,
weil er mir das Leben gab.

Alle: *Geborgen ist mein Leben in Gott.*
Er hält mich in seinen Händen.

1. Er versorgt mich und
führt mich zu den Menschen,
die mich brauchen.
Darum will ich ihm danken
und ihn preisen:
Geborgen ist mein Leben in Gott.
Er hält mich in seinen Händen.
Amen.

(Nach einem Text aus »Der Jugendfreund« von Karl Daiber; gekürzt und geändert von Ulla Manfroid.)

Es war einmal ein reicher Mann

Ein Spiellied zu Lukas 12,16–21

ULRICH GOHL

(Falls die zweite Stimme des Kehrverses gesungen wird, lautet der Schluß hier: ». . . reicher Mann – denkt alle dran!«)

1. *Vorsänger:* Es war einmal ein reicher Mann,
von dem hört euch ein Gleichnis an.
Der wollte mehr und immer mehr,
als ob sein Reichtum ewig wär'.

Alle: Armer reicher Mann, alles ist vertan,
wenn du nur dich selber liebst und nicht Gott die Ehre gibst.
Armer reicher Mann – denkt alle daran!

2. *Vorsänger:* Und seht, mit jedem neuen Jahr
der reiche Mann noch reicher war.
er sagt zu sich: »Hab guten Mut
und iß und trink! Wie hast du's gut!«

Alle: Armer reicher Mann ...

3. *Vorsänger:* Und wieder war die Ernt' vorbei.
Da ruft er: »Knechte, kommt! Juchei!
Brecht meine alten Scheunen ab,
baut neue auf, daß Platz ich hab'!«

Alle: Armer reicher Mann ...

4. *Vorsänger:* Er kennt nicht Leid, kennt keine Not,
fragt nicht nach Hunger, Elend, Tod.
Er macht sich groß, er macht sich breit.
»Ich sterben?! Ach, das hat noch Zeit!«

Alle: Armer reicher Mann ...

5. *Vorsänger:* Da sprach der Herr: »Du armer Wicht!
Dein ganzer Reichtum hilft dir nicht.
Du stirbst, du stirbst noch diese Nacht,
hast alles, alles falsch gemacht.«

Alle: Armer reicher Mann ...

6. *Vorsänger:* Der Erd und Himmel hat gebaut,
hat alles uns nur anvertraut,
daß alles, was da lebt, ihn preist
und liebt und lobt und Vater heißt.

Alle: Wer Gott danken kann, ist ein reicher Mann.
Gottes Nähe wird er sehn, Freud und Leid wird er bestehn.
Gott nimmt jeden an, der danken kann.

Gottes Gaben – anvertraute Gaben

Lied und Text für drei Sprecher zum Erntedankfest

KARL DAIBER

Sprecher 1: Es warten alle auf dich, daß du ihnen Speise gebest zur rechten Zeit.
Wenn du ihnen gibst, so sammeln sie;
wenn du deine Hand auftust, so werden sie mit Gutem gesättigt.
(Ps. 104,27.28)

Sprecher 2: Was auf den Feldern,
in den Gärten und Weinbergen
unter Sonne und Regen gewachsen ist,
was wir Menschen unter Mühe und Schweiß gebaut haben,
das ist die Ernte dieses Jahres,
das tägliche Brot, von dem wir leben,
Gottes Gabe für uns alle.
Wir danken dir, o Herr.

Sprecher 3: Laß uns nicht vergessen, Herr,
daß es viele gibt, deren Acker wenig trägt,
obwohl sie Mühe und Schweiß aufwenden;
daß es Menschen gibt, die hungern,
Kinder, die nach Milch schreien,
Hilf, daß wir verstehen, was du uns damit sagen willst.

Lied: Gottes Gaben, ob wenig oder viel, *(Melodie siehe oben rechts)*
sie sind dir anvertraut.
Behalt sie nicht für dich allein,
komm, setz sie doch für andre ein!
Gott, der von dir die Rechnung fordern will,
auf deine Treue schaut.

Sprecher 1: Wenn aber die Sonne aufgeht,
so geht der Mensch aus an seine Arbeit und an sein Tagwerk
bis an den Abend. *(Nach Ps. 104,22.23)*

Sprecher 2: Was in den Fabriken, in Werkstätten, Büros und Fließbändern
von gesunden, kräftigen Händen gemacht worden ist,
was jeder Arbeit ihren Lohn brachte,
das ist die Ernte dieses Jahres,
unser tägliches Brot, von dem wir leben,
Gottes Gabe für uns alle.
Wir danken dir, o Herr.

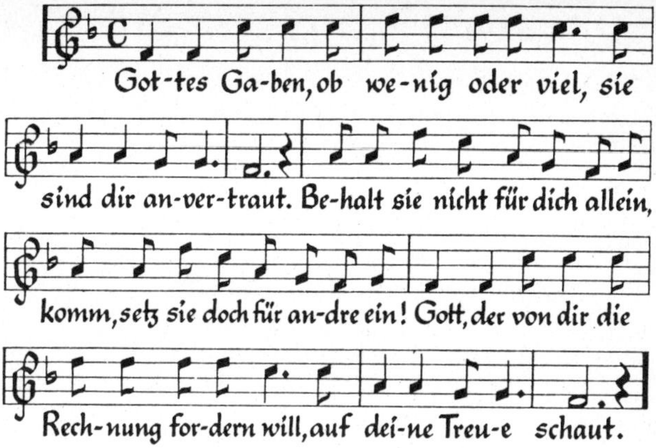

Sprecher 3: Laß uns nicht vergessen, Herr, daß es viele gibt,
deren Arbeit nicht so viel einbringt,
obwohl sie Mühe und Schweiß aufwenden,
daß sie das tägliche Brot für sich und ihre Familien kaufen können;
daß es viele gibt, die keine Arbeit und keinen Verdienst haben.
Hilf, daß wir verstehen, was du uns damit sagen willst.

Lied: Gottes Gaben, ob wenig oder viel,
sie sind dir anvertraut.
Behalt sie nicht für dich allein,
komm, setz dich doch für andre ein!
Gott, der von dir die Rechnung fordern will,
auf deine Treue schaut.

Sprecher 1: Gnädig und barmherzig ist der Herr,
geduldig und von großer Güte.
Der Herr ist allen gütig und erbarmt sich aller seiner Werke.
(Ps. 145,8.9)

Sprecher 2: Was zum Leben nötig ist,
der Leib und alle seine Glieder,
Augen, die sehen, und Ohren, die hören können,
der Verstand, der lernen kann,
Hände, die arbeiten können,
ein gesunder Geist, daß wir uns freuen können,
daß wir einander lieben,
daß wir einander dienen
und einander vergeben können,
das ist anvertrautes Gut,
Gottes Gabe für uns alle.
Wir danken dir, o Herr.

Sprecher 3: Laß uns nicht vergessen, Herr,
daß es viele gibt, deren Leben behindert ist,
weil sie krank sind am Körper oder am Geist;
die alt und gebrechlich sind,
und die leben wollen wie wir.
Hilf, daß wir verstehen, was du uns damit sagen willst.

Lied: Gottes Gaben, ob wenig oder viel,
sie sind dir anvertraut.
Behalt sie nicht für dich allein,
komm, setz sie doch für andre ein!
Gott, der von dir die Rechnung fordern will,
auf deine Treue schaut.

Sprecher 1: Der Mensch lebt nicht vom Brot allein,
sondern von einem jeglichen Wort,
das durch den Mund Gottes geht. *(Matth. 4,4)*

Sprecher 2: Was zum Leben nötig ist,
was Gott, der Herr, selbst durch den Samen seines Wortes
in unsren Herzen wachsen und reifen läßt
an Glauben, Liebe und Hoffnung;
was er uns schenkt in Jesus Christus, unserem Herrn,
dem Brot des Lebens,
das ist seine Gabe für uns alle.
Wir danken dir, o Herr.

Sprecher 3: Laß uns nicht vergessen, Herr, daß der Tag kommt,
an dem du deine Ernte einbringst;
an dem du uns fragst, was wir mit deinen Gaben gemacht haben,
ob wir sie geringschätzig vergeudet haben
oder ob wir sie mit Dank empfangen
und mit denen geteilt haben, die sie brauchten.
Hilf, daß wir verstehen, was du uns damit sagen willst.

Lied: Gottes Gaben, ob wenig oder viel,
sie sind dir anvertraut.
Behalt sie nicht für dich allein,
komm, setz sie doch für andre ein!
Gott, der von dir die Rechnung fordern will,
auf deine Treue schaut.

(Text und Melodie: Karl Daiber; aus »Der Jugendfreund«)

Lobet den Herren

Sprechmotette zum Erntedankfest

HARTWIG KÖRTJE

Vorbemerkung:

Die folgende Sprechmotette für fünf Sprecher geht davon aus, daß die Verse des Liedes »Lobet den Herren« (EKG 347) gemeinsam gesungen werden.
Sie stammt aus der Reihe der Erntedank-Liturgien aus dem »Jugendfreund«. Der Abdruck erfolgt mit freundlicher Genehmigung.

Lied:	*Lobet den Herren alle, die ihn ehren;* *laßt uns mit Freuden seinem Namen singen* *und Preis und Dank zu seinem Altar bringen.* *Lobet den Herren!*
Sprecher A:	Brot und Äpfel liegen heute auf Gottes Altar,
Sprecher B:	und Weintrauben und Gurken
Sprecher C:	und Kartoffeln und Kohl.
Sprecher D:	Aber Gott möchte noch etwas haben.
Sprecher E:	Das ist ihm wichtiger als alles andere.
Alle:	Preis und Dank will er haben!
Sprecher A:	Darum wollen wir ihn ehren.
Alle:	Mit Freuden!
Sprecher B:	Darum wollen wir ihm singen.
Alle:	Mit Freuden!
Sprecher C:	Darum wollen wir ihn loben.
Alle:	Mit Freuden!
Lied:	*Der unser Leben, das er uns gegeben,* *in dieser Nacht so väterlich bedecket* *und aus dem Schlaf uns fröhlich auferwecket:* *Lobet den Herren!*
Sprecher A:	Daß wir da sind, kommt von ihm.
Sprecher B:	Daß wir fröhlich sind, kommt von ihm.
Sprecher C:	Wie ein guter Vater sorgt er für uns.
Sprecher D:	Er hat uns lieb und denkt an uns.
Sprecher E:	Aber von uns möchte er auch etwas haben.

Alle:	Preis und Dank will er haben!
Sprecher A:	Darum wollen wir ihn ehren.
Alle:	Mit Freuden!
Sprecher B:	Darum wollen wir ihm singen.
Alle:	Mit Freuden!
Sprecher C:	Darum wollen wir ihn loben.
Alle:	Mit Freuden!
Lied:	*Daß unsre Sinnen wir noch brauchen können und Händ und Füße, Zung und Lippen regen, das haben wir zu danken seinem Segen. Lobet den Herren!*
Sprecher A:	Gott macht es, daß ich sehen kann: die Wolken und die Vögel, die Autos und die Menschen.
Sprecher B:	Gott macht es, daß ich hören kann: das Singen und das Sprechen, das Lachen und das Pfeifen.
Sprecher C:	Gott macht es, daß ich riechen kann: die Blumen und den Braten, den frisch gemähten Rasen.
Sprecher D:	Gott macht es, daß ich schmecken kann: den Kuchen und die Kirschen, die Suppe und die Sahne.
Sprecher E:	Gott macht es, daß ich danken kann und fröhlich sein und singen und an ihn denken und ihn lieben.
Alle:	Preis und Dank will er haben!
Sprecher A:	Darum wollen wir ihn ehren.
Alle:	Mit Freuden!
Sprecher B:	Darum wollen wir ihm singen.
Alle:	Mit Freuden!
Sprecher C:	Darum wollen wir ihn loben.
Alle:	Mit Freuden!
Sprecher A:	Hände hat er uns gegeben und Geschick und Kraft;
Sprecher B:	so können wir arbeiten und unser Geld verdienen.
Sprecher C:	Und Füße haben wir, damit wir gehen können,
Sprecher D:	und Zunge und Lippen gab er uns, damit wir uns verstehen,
Sprecher E:	und daß wir singen und ihn loben!
Alle:	Preis und Dank will er haben!
Sprecher A:	Darum wollen wir ihn ehren.

Alle:	Mit Freuden!
Sprecher B:	Darum wollen wir ihm singen.
Alle:	Mit Freuden!
Sprecher C:	Darum wollen wir ihn loben.
Alle:	Mit Freuden!
Lied:	*O treuer Hüter, Brunnen aller Güter,* *ach laß doch ferner über unser Leben* *bei Tag und Nacht dein Hut und Güte schweben.* *Lobet den Herren!*
Sprecher A:	Du, o Herr, bist unser treuer Hüter: Beschütze uns auch heute und an allen Tagen unseres Lebens!
Sprecher B:	Du, o Herr, bist der Brunnen aller Güter, alles Guten, was wir brauchen: Behalte uns lieb!
Sprecher C:	Brot gibst du und Kleidung, Gesundheit und Frieden, Arbeit und Geld: Bleib uns gut!
Sprecher D:	Schuld vergibst du und bist gnädig, Sündern schenkst du deine Huld, denn Jesus Christus ist dein Name: Erbarme dich über uns!
Sprecher E:	Alles, alles haben wir von dir, du Brunnen aller Güter: Laß uns das erkennen und dir danken!
Alle:	Du willst Preis und Dank haben!
Sprecher A:	Darum wollen wir dich ehren.
Alle:	Mit Freuden!
Sprecher B:	Darum wollen wir dir singen.
Alle:	Mit Freuden!
Sprecher C:	Darum wollen wir dich loben.
Alle:	Mit Freuden!
Lied:	*Gib, daß wir heute, Herr, durch dein Geleite* *auf unsern Wegen unverhindert gehen* *und überall in deiner Gnade stehen.* *Lobet den Herren!*
Sprecher A:	So viele Gefahren gibt es: Herr, führe uns hindurch!
Sprecher B:	So viele Menschen werden nicht satt: Herr, mach uns hilfsbereit!
Sprecher C:	So viele Kinder sind krank und behindert: Herr, mach uns barmherzig!
Sprecher D:	Und wenn deine Weisheit es will, daß uns Schweres zustößt:

Sprecher E: Auch dann laß uns in deiner Gnade stehen,
daß wir dir vertrauen und dir danken!

Alle: Du willst Preis und Dank haben!
Sprecher A: Darum wollen wir dich ehren.
Alle: Mit Freuden!
Sprecher B: Darum wollen wir dir singen.
Alle: Mit Freuden!
Sprecher C: Darum wollen wir dich loben.
Alle: Mit Freuden!

Lied: *Treib unsern Willen, dein Wort zu erfüllen;*
lehr uns verrichten heilige Geschäfte,
und wo wir schwach sind, da gib du uns Kräfte.
Lobet den Herren!

Sprecher A: Hilf, daß dein Wille unser Wille wird,
daß wir dir gern gehorchen.
Sprecher B: Alles Gute kommt von dir;
wie sollten wir dich nicht lieben?
Sprecher C: Du liebst uns. Laß uns deine Liebe
allen denen bringen, die sie brauchen.
Sprecher D: Du gibst uns Frieden. Laß uns deinen Frieden
allen denen bringen, die ihn brauchen.
Sprecher E: Du gibst uns auch die Kraft,
dich zu preisen und zu ehren!

Alle: Du willst Preis und Dank haben!
Sprecher A: Darum wollen wir dich ehren.
Alle: Mit Freuden!
Sprecher B: Darum wollen wir dir singen.
Alle: Mit Freuden!
Sprecher C: Darum wollen wir dich loben.
Alle: Mit Freuden!

Lied: *Herr, du wirst kommen und all deine Frommen,*
die sich bekehren, gnädig dahin bringen,
da alle Engel ewig, ewig singen:
Lobet den Herren!

... Gutes und Barmherzigkeit werden mir folgen mein Leben lang ...

IV. REFORMATION/BIBEL

Hört, was die Bibel einmal schrieb

Ein Lied zum Reformationsfest von Eckhard Lange

Martin Luthers Entdeckung

2. Gott kannst du nicht kaufen
mit Gebet und Geld.
Doch du darfst vertrauen,
daß er zu dir hält.

3. Nicht, was einer leistet,
nicht was einer kann –
nur, daß Gott dich liebhat,
darauf kommt es an.

Melodie nach dem Lied: »Am hellen Tag kam Jesu Geist« von Dieter Trautwein (Text u. Melodie) Aus: »111 Kinderlieder zur Bibel«, Christophorus-Verlag, Freiburg, und Verlag Ernst Kaufmann, Lahr.

Unsere Bibel – meine Geschichte

Ein Familiengottesdienst mit Spielszenen zu Markus 4,3–9

GOTTFRIED MOHR *und ein Team*

Mitspieler/Sprecher:

Zum Anspiel (unter der Nr. 7):	ein Bibelverkäufer mit einem Schubkarren voll Bibeln ein Wanderer
zum Lesespiel (unter Nr. 10):	4 Sprecher/Spieler

Zur Vorbereitung:

Während des Gottesdienstes wird ein Wandbild zu Markus 4,3–9 gestaltet, dessen Einzelteile vorbereitet werden müssen:
- Ein großes Hintergrundbild (mindestens 2–3 m hoch und 1 bis 2 m breit!) aus Papierbahnen, bemalt mit Erde (unten), Himmel (oben), Sonne und Wolken.
- Zwölf aus Papier ausgeschnittene Samenkörner, die mit je einem Stichwort aus den biblischen Geschichten des Ratespieles beschrieben sind (siehe unter Nr. 8, Seite 108f.).
- Ausgeschnittene Vögel, Felsbrocken, Dornengestrüpp und Ähren, die jeweils an der richtigen Stelle des Lesespieles auf das Hintergrundbild geklebt werden (siehe unter Nr. 10).

1. *Vorspiel des Posaunenchores*
2. *Begrüßung*
3. *Gemeindelied:* »Gott des Himmels und der Erde«, EKG/LfJ 345, 1.2.5.6
4. *Psalmgebet* nach Psalm 95 – mit »Ehr sei dem Vater und dem Sohn«
5. *Einführung in das Thema*
6. *Gemeindelied:* »Ins Wasser fällt ein Stein«, Verse 1–3
(zum Beispiel in: »Neue Lieder II«, Württ., Nr. 766)

7. Anspiel: **Bibeln zu verkaufen!**

(Auftritt mit Schubkarren voller Bibeln. Die Bibeln werden auf einem Tisch ausgelegt bzw. gestapelt.)

Bibelverkäufer: Kauft Bibeln – druckfrische Bibeln – preiswerte Bibeln für Jedermann – Bibeln für alle Lebenslagen!

Wanderer: *(tritt auf, spöttisch lächelnd)*
Guter Mann, was verkaufen Sie denn da? Mit so was ist doch kein Geschäft zu machen, wer will denn diese alten Schmöker?

Bibelverkäufer: Nun ja – ganz so ist es aber nicht, schließlich ist die Bibel das meistverkaufte Buch auf der ganzen Welt, warum sollte es hier nicht auch Leute geben, die bei mir eine Bibel kaufen wollen? *(ruft)*: kauft Bibeln – das spannendste Buch der Welt zum günstigen Preis!

Wanderer: Heutzutage liest doch keiner mehr ein Buch. Es gibt doch Fernsehen.

Bibelverkäufer: Haben Sie 'ne Ahnung! In Deutschland werden jährlich über eine Million Bibeln gedruckt. Das sind in den letzten 30 Jahren 30 Millionen Bibeln. Wenn man die alle hier aufeinander legen würde, gäbe das einen Turm von 1500 km Höhe oder nebeneinandergelegt eine Bücherkette von hier bis nach Madrid.
Ich habe hier auch fremdsprachige Bibeln. Bei uns werden Bibeln in über 50 Sprachen gedruckt. Man muß heut' europäisch denken. Oder sprechen Sie etwa chinesisch? Dann wäre diese da was für Sie! (zeigt die Bibel).

Wanderer: *(lacht)* Sie hätten eine Würstlesbude oder einen Getränkestand aufmachen sollen, das ist es, was die Leute heute wollen!

Bibelverkäufer: Sie haben doch sicher auch schon gehört: »Der Mensch lebt nicht von Brot allein« – das steht zum Beispiel auch in der Bibel – und ich denke, nach einem guten Vesper oder Viertele verlangt der Mensch auch nach geistiger Kost, und wo findet er diese besser als in der Bibel?

Wanderer: Und warum kauft niemand ihre Superbibeln?

Bibelverkäufer: Vielleicht gibt's 'nen einfachen Grund. Die Leute haben schon alle eine Bibel. Die Bibel ist eben das weitverbreitetste Buch der Welt, ich sagte es Ihnen schon!

Wanderer: Möchte wissen, ob das stimmt.

Bibelverkäufer: Fragen wir die Leute doch. *(Zur Gemeinde):* Also, bitte jeder, der zu Hause eine Bibel hat, oder zwei oder drei, hebe bitte die Hand.

Gemeinde: *(zeigt auf)*

Wanderer: Donnerwetter – das hätte ich nicht gedacht. So viele Bibeln. Scheint doch ein wichtiges Buch zu sein. Aber wissen Sie, die Leute haben die Bibeln nur bei sich rumstehn. Lesen tun die nur Abenteuer- und Liebesromane. Die wollen Spannung und Unterhaltung, nicht diese ollen Kamellen.

Bibelverkäufer: *(fällt ihm ins Wort):* Da sind Sie aber völlig falsch informiert, all das bietet auch die Bibel, die Leute wissen das nur nicht, weil sie sich nicht auf dieses spannende Abenteuer, die Bibel zu lesen, einlassen. Die Bibel ist immer lebendig und immer interessant, egal, wo man sie aufschlägt, wir können's ja mal versuchen . . .
(schlägt scheinbar wahllos auf und liest):
Woll'n doch mal sehen, hier zum Beispiel (Markus 4,3–9):

»Hört zu! Siehe, es ging ein Sämann aus zu säen. Und es begab sich, indem er säte, daß einiges auf den Weg fiel; da kamen die Vögel und fraßen's auf. Einiges fiel auf felsigen Boden, wo es nicht viel Erde hatte, und ging alsbald auf, weil es keine tiefe Erde hatte. Als nun die Sonne aufging, verwelkte es, und weil es keine Wurzel hatte, verdorrte es. Und einiges fiel unter die Dornen, und die Dornen wuchsen empor und erstickten's, und es brachte keine Frucht. Und einiges fiel auf gutes Land, ging auf und wuchs und brachte Frucht, und einiges trug dreißigfach und einiges sechzigfach und einiges hundertfach.
Und er sprach: Wer Ohren hat zu hören, der höre!«

Wanderer: Wer erzählt diese Geschichte und was meint er mit dem Samen. Ich glaube, die Geschichte ist wie ein Rätsel. Den tieferen Sinn muß man erst herauskriegen.

Bibelverkäufer: Jesus erzählt diese Geschichte. Und der Same, den der Sämann ausstreut, das ist – so denke ich mir – alles, was Gott zu uns sagen will . . .

Wanderer: . . . und das steht in der Bibel. Also: Ihre vielen Bibeln da – das ist der Same – oder besser: Das, was drinsteht in der Bibel, das ist der Same. Und jetzt wundert's mich auch nicht mehr, daß Sie so viele Bibeln haben – und so dicke, wo so viel drinsteht. Der Sämann sät ja auch so unzählbar viele Samenkörner.

Bibelverkäufer: Und sehen Sie, manches, was der sät, bringt gar keine Frucht. 's gibt viele Bibeln, in die nie 'ne Nase reingesteckt wird . . .

Wanderer: Aber manchmal geht einem ein Licht auf, wenn man in der Bibel liest; das ist dann wie ein Samenkorn, das auf guten Boden gefallen ist. Mann, geben Sie mir so 'ne Bibel. Ich kauf Ihnen eine ab.

Bibelverkäufer: Chinesisch, Englisch, Französisch, Deutsch?
Bilderbibel, Kinderbibel, Altarbibel?
Mit Goldschnitt, in Leinen oder Leder, oder broschiert?
Wie hätten Sie es denn gerne?

Wanderer: 'ne billige Ausgabe bitte, sonst reicht's mir nicht mehr für 'ne rote Wurst und ein Viertele: Der Mensch lebt ja nicht von der Bibel allein . . .
(beide ab)

8. Ratespiel

(Hintergrundbild: Unten Erde, oben Himmel mit Sonne und Wolke)

Einleitung: Die Bibel ist der Samen. Durch die Worte der Bibel spricht Gott uns an. Das Wort der Bibel ist reichlich gesät. Das wollen wir uns jetzt mal klarmachen, wie viel biblische Worte und Geschichten wir im Gedächtnis haben.
Ich stelle jetzt 12 Fragen. Es wird immer eine biblische Geschichte gesucht. Spielregel: Zuerst dürfen die Kinder raten, wenn die es nicht herausbekommen, helfen die Erwachsenen.

Frage 1: In welcher Geschichte bringt ein Hahn einen Mann zum Weinen?

Frage 2: In welcher Geschichte verkleidet sich jemand in seinen Bruder, um seinen alten Vater zu täuschen?

Frage 3: In welcher Geschichte muß einer zuerst auf einen Baum klettern, um das Entscheidende zu sehen?

Frage 4: In welcher Geschichte kommen Räuber vor?

Frage 5: In welcher Geschichte verschlägt es einem plötzlich die Sprache? Er bleibt ein paar Monate stumm.

Frage 6: In welcher Geschichte gönnt sich selbst Gott eine wohlverdiente Ruhepause?

Frage 7: In welcher Geschichte ertrinken viele Pferde?

Frage 8: In welcher Geschichte geht auf hoher See ein Mann über Bord und ertrinkt trotzdem nicht?

Frage 9: In welcher Geschichte soll einer alles, was er hat, verkaufen?

Frage 10: In welcher Geschichte wird den Aposteln unterstellt, daß sie betrunken seien?

Frage 11: In welcher Geschichte bringt ein kleiner Stein einen großen Mann zu Fall?

Frage 12: In welcher Geschichte verfängt sich ein Widder im Dornengestrüpp und wird deshalb als Opfertier geschlachtet?

(Ist eine Geschichte erraten, so wird ein Samenkorn mit einem Stichwort zur Geschichte auf das Hintergrundbild geklebt.)

9. *Gemeindelied:* »Herr, öffne mir die Herzenstür«, EKG/LfJ 144,1–3

10. Spielszene und Meditation: Weg, Fels und Dornen

Einleitung: *(Drei Bibelleser sitzen um einen Tisch.)*

Schauen wir auf unser großes Bild. Da sehen wir die biblischen Geschichten dargestellt als Samenkörner im Boden. Werden sie keimen, aufgehen, Frucht bringen?
Der Bibelverkäufer hat vom Sämann vorgelesen.
Viel Saat bringt keine Frucht.
Ein Teil wird von Vögeln gefressen,
ein Teil verdorrt auf dem Felsen,
ein Teil erstickt im Gestrüpp. –
Hören wir, wie sich drei Bibelleser unterhalten.
Wie geht es ihnen mit den biblischen Texten?

Sprecher 1: Siehe, es zog ein Sämann aus zu säen. Und es begab sich, indem er säte, daß einiges auf den Weg fiel, da kamen die Vögel und fraßen's auf.

Sprecher 2: Ich lese jetzt einen Abschnitt aus dem ersten Buch Mose:
»Und Gott sah an alles, was er gemacht hatte und siehe es war sehr gut. Da war aus Abend und Morgen der sechste Tag. So wurden vollendet Himmel und Erde mit ihrem ganzen Heer.«

Sprecher 3: In sechs Tagen soll die ganze Welt gemacht sein – ich kann's nicht glauben!

Sprecher 2: Vielleicht sind Gottes Tage länger als 24 Stunden?

Sprecher 3: Und daß alles sehr gut war, da habe ich auch meine Zweifel. Ich finde, vieles auf der Welt ist von Anfang an verkorkst!

Sprecher 4: Jetzt geht's uns wieder so, wie so oft. Wir lesen eine Geschichte aus der Bibel. Es ist eine wundervolle Geschichte. Doch plötzlich stutzt man und überlegt sich, ob die Geschichte überhaupt realistisch ist.

Sprecher 2: Und dann kommt der Zweifel und frißt die ganze Geschichte auf, wie die Vögel die Saatkörner auf dem Weg.

Sprecher 3: Solche Geschichten gibt's noch mehr in der Bibel. Kannst du zum Beispiel glauben, daß der Mose mit seinem Stab das Meer geteilt hat – und dann konnte man durchlaufen, ohne daß man nasse Füße kriegte?

– Zwischenspiel der Band –

(Zu den beiden Samenkörnern, auf denen die erwähnten Geschichten stehen, werden zwei Vögel geklebt.)

Sprecher 1: Siehe, es ging ein Sämann aus zu säen. Und es begab sich, indem er säte, fiel einiges auf felsigen Boden, wo es nicht viel Erde hatte und es ging alsbald auf. Als nun die Sonne aufging, verwelkte es, und weil es keine Wurzel hatte, verdorrte es.

Sprecher 2: Ihr kennt doch alle die Geschichte vom barmherzigen Samariter. Da heißt es:
»... und er ging zu ihm, goß Öl und Wein auf seine Wunden und verband sie ihm, hob ihn auf sein Tier und brachte ihn in eine Herberge und pflegte ihn.«

Sprecher 3: Das ist eine wirklich tolle Geschichte. So möchte ich auch sein, wie der barmherzige Samariter: Helfen und Gutes tun.

Sprecher 2: Du machst Sprüche! Jetzt tust du so begeistert, aber wenn du echt in so 'ne Situation kommst, so zu einem Unfall dazu mit Schwerverletzten, au weh, dann sagst du: Bloß nicht hingucken! Nichts wie weg! Mein Erste-Hilfe-Kurs liegt schon Jahre zurück! Ich kann doch kein Blut sehen!

Sprecher 3: Schon möglich. Ich glaub, du hast recht.

Sprecher 2: Mir geht das genauso mit der Geschichte vom reichen Jüngling. Der wollte echt fromm sein und alle Gebote halten. Und dann fordert Jesus von ihm: »Nimm dein ganzes Gut, verkauf es und beschenke die Armen!« Das schaffte er nicht. Und ich würde das auch nicht schaffen.

Sprecher 4: Erst große Begeisterung, der Same geht auf und wächst – und dann, wenn's ernst wird, kommt die Ernüchterung. Der Same ist auf Fels gefallen. Gottes Wort stößt bei uns auf Granit.

– Zwischenmusik –
(Felsbrocken werden auf das Bild geklebt)

Sprecher 1: Siehe, es ging ein Sämann aus zu säen. Und es begab sich, indem er säte, daß einiges unter die Dornen fiel. Die Dornen wuchsen empor und erstickten's, und es brachte keine Frucht.

Sprecher 2: Wißt ihr, mit welcher Geschichte ich gar nicht fertig werde? Das ist die Geschichte von der Opferung Isaaks. Hört zu:
Und Gott sprach: »Nimm Isaak, deinen einzigen Sohn, den du liebhast, und geh hin in das Land Morija und opfere ihn dort zum Brandopfer . . .«

Sprecher 3: Schrecklich, stell dir vor, du müßtest deinen Sohn opfern, weil Gott es dir befohlen hat. Würdest du das tun? Ich nicht!

Sprecher 4: Du hast recht, das geht nicht: Der Schöpfer des Lebens verlangt das Opfer von Menschenleben.

Sprecher 2: Da fällt mir noch eine Geschichte ein, auch von Isaak: Isaak war schon alt und wollte Esau seinen Segen geben. Da hat Jakob seinen Vater betrogen. Auf Drängen der Mutter hat er sich als Esau verkleidet und den Stammessegen erschlichen. Der Betrüger wird zum Herrscher bestimmt.

Sprecher 3: Wenn das meine Frau gewesen wäre . . . An Isaaks Stelle hätt' ich die zum Teufel gejagt.

Sprecher 4: Du hast recht. Das verstehe, wer will. Aber solche Geschichten gibt's für mich viele in der Bibel. Ich verstehe nicht, was sie mir sagen wollen. Die sind wie Samenkörner, die im Gestrüpp gelandet sind.

(Kinder kleben das Dornengestrüpp an das Bild.)

– Zwischenmusik –

Sprecher 1: Siehe, es ging ein Sämann aus zu säen, und es begab sich, indem er säte, fiel einiges auf gutes Land, ging auf und wuchs und brachte Frucht, und einiges trug dreißigfach und einiges sechzigfach und einiges hundertfach.

11. Ansprache

Schauen wir auf unseren Acker. Was sehen wir: Dornen, Felsbrocken und Vögel, die das Saatgut fressen. Ist wohl kein guter Acker!
Das ist typisch für uns Menschen. Wir sehen immer zuerst, was alles schiefgeht. Das Schlechte sehen wir sofort, das Gute übersehen wir.

Schaut her, da sind doch so viele Körner, die ungehindert wachsen können. Die werden Frucht bringen, dreißigfach, sechzigfach, hundertfach. So sät Gott. Überschwänglich reich sät er seine Gedanken in unsere Welt, damit wirklich genug Samenkörner aufgehen können.
Das ist das erste, das uns dieses Gleichnis sagen will.
Angelus Silesius hat vor über 300 Jahren es so formuliert:
»Gott, weil er groß ist, gibt am liebsten große Gaben.
Ach, daß wir Armen nur so kleine Herzen haben.«

(Spruchband)

Was ist, wenn ein Samenkorn auf guten Boden fällt?
Ich lese in der Bibel. Ich denke über mein Leben nach. Plötzlich packt mich ein Wort der Bibel, eine Geschichte fesselt mich. Da muß ich weiter drüber nachdenken. Da geht mir ein Licht auf für mein Leben. Nicht nur im Gehirn, auch im Herzen. Nicht nur im Geist, ich sehe auch Aufgaben. Es gibt was zu tun für mich.
Das passiert: Worte werden lebendig, treffen mich, stecken mich an.
Das kann man nicht herbeizwingen. Das kann man nicht künstlich machen.
Da wächst etwas. Gott läßt wachsen.
So ist es, wenn ein Samenkorn aufgeht.
Gott, weil er groß ist, gibt am liebsten große Gaben.
Ach, daß wir Armen nur so kleine Herzen haben.

(wird nun gesungen)

(Nun werden Ähren auf dem Hintergrundbild befestigt.)

Kurz vor der Ernte sind die Ähren so groß und hoch gewachsen. Da wogt das reife Getreidefeld im Wind. Vergessen sind die Körner, die die Vögel gefressen haben, die die Sonne verdorrt und das Unkraut erstickt hat.
Es kommt die Ernte. Was erntet der Bauer?
Er erntet Körner: Getreidekörner, Samenkörner.
Er kann sie zu Mehl mahlen. Er kann sie wieder aussäen auf einen neuen Akker, der wieder neue Frucht bringt.
So sät Gott das Wort. Wir sind der Acker.
Und wenn bei uns etwas aufgeht, was Gott uns sagen will, dann wächst Frucht, neue Samenkörner. Dann fängt die Aussaat wieder an.
Wir sagen weiter, was uns wichtig geworden ist.
Wir versuchen in die Tat umzusetzen, was wir eingesehen haben.
So breitet sich aus, was ganz klein angefangen hat.
Gott, weil er groß ist, gibt am liebsten große Gaben.
Ach, daß wir Armen nur so kleine Herzen haben.

(wird als Kanon gesungen)

Kanon: **Gott, weil er groß ist**

Harmoniefolge: Em D7 Em Am H //

Text: Angelus Silesius; Melodie: Johannes Petzold 1946
Aus: »Mein Kanonbuch«, tvd-Verlag, Düsseldorf

12. Schlußgebet

Einer: Vater im Himmel, du sprichst uns an.
Wir hören deine Stimme und gewinnen Vertrauen.
Weil du dich nicht in Schweigen hüllst,
wagen wir es, mit dir zu reden.
Deine Gedanken sind himmelhoch über unseren Gedanken
und doch redest du zu uns in menschlichen Worten
und Sätzen, die wir begreifen können.
Wir danken dir für das Wort der Bibel,
für jeden Gedanken, der uns anspricht und weiterhilft.

Alle: *Mache mich zum guten Lande,*
wenn dein Samkorn auf mich fällt!
Gib mir Licht in dem Verstande,
und was mir wird vorgestellt,
präge du im Herzen ein,
laß es mir zur Frucht gedeihn.

Einer: Vater im Himmel,
es ist nicht immer leicht, dich zu hören.
Vieles andere tönt lauter als dein Wort:
Primitive Parolen, verführerische Werbung,
flotte Sprüche und lautes Geschrei.
Alles stürmt auf uns ein.
Dein Wort braucht Ruhe und Zeit und einen klaren Kopf.
Wir danken dir für das Wort der Bibel,
gib uns Geduld zum Hören.

Alle: *Mache mich zum guten Lande . . .*

Einer: Vater im Himmel,
durch menschliche Worte sprichst du uns an
und doch ist dein Wort mehr als Menschenwort.
Wer hilft uns unterscheiden?

Wir brauchen Jemand, der uns die Bibel erklärt:
Übersetzer, die sorgsam mit dem Text umgehen,
Ausleger, die sich tief in die Worte einfühlen.
Wir danken dir für das Wort der Bibel.
Gib allen, die mit der Bibel umgehen, deinen guten Geist.

Alle: *Mache mich zum guten Lande . . .*

Einer: Laß dein Wort bei uns Frucht bringen,
Hilf, daß wir in die Tat umsetzten,
was wir als deinen Willen erkannt haben.
Mach uns zu Boten,
die dein Wort weitersagen.

Alle: *Vater unser im Himmel . . .*

13. Gemeindelied: »Kleines Senfkorn Hoffnung«
(zu finden in: »Menschenskinderlieder«, Nr. 90, Hrsg. Beratungsstelle für Gestaltung von Gottesdiensten, Frankfurt)

14. Abkündigungen

15. Segen

16. Schlußkanon: »Gott, weil er groß ist . . .«

17. Nachspiel

Die Leidensgeschichte des Wortes Gottes

Ein erzählendes (Lese-)Spiel zu Jeremia 36

EBERHARD DIETERICH

Mitspieler/Sprecher:

Erzähler	Die Oberen aus dem Kronrat:
Jeremia	Elischama
Baruch	Delaja
verschiedene Leute	Elnathan
Michaja	Gemarja
	Zedekia
Der König	
Judi	

Zum Spiel:

Das Spiel zu Jeremia 36 kann in einem Gottesdienst, Familiengottesdienst oder Kindergottesdienst von Mitarbeitern vorgespielt werden.
Man kann es auch als Schattenspiel mit Kindern aufführen, wenn gleichzeitig die Sprecherrollen von Mitarbeitern gelesen werden. (Zum Schattenspiel vgl. »Komm, wir suchen Bethlehem«, Seite 20ff. Hrsg. A. Weidle, Verlag Junge Gemeinde, Stuttgart 1987.

1. Szene: **Jeremia bittet Baruch**

Erzähler: Da sitzt er – Baruch. Baruch ist ein Schreiber. Wenn in Jerusalem irgend jemand etwas Wichtiges aufschreiben lassen will, dann geht er zu Baruch.
Nur wenige Leute können lesen und schreiben. Deshalb ist der Beruf des Baruch ein wichtiger Beruf.
Da klopft es bei Baruch an die Tür. Baruch steht auf und begrüßt einen Besucher.

Baruch: Sei gegrüßt, Jeremia. Du warst noch nie bei mir.
Soll ich dir einen Brief schreiben?

Jeremia: Ich brauche viel mehr von dir. Eine ganze Schriftrolle sollst du mir schreiben!

Baruch: Setz dich erst einmal, Jeremia.

Erzähler: Baruch bietet Jeremia eine Sitzgelegenheit an, und dann berichtet Jeremia:

Jeremia: Gott hat mit mir geredet.
Alle die Worte, die ich unserem Volk von Gott ausgerichtet habe, alle diese Worte sollst du aufschreiben.

Du weißt, daß mir niemand zuhört. Aber wenn man dann vorliest, dann hören vielleicht die Leute noch einmal zu.
Vielleicht begreifen sie dann endlich:
Gott will, daß wir leben. Gott will unser Gutes.
Und deshalb muß ich immer sagen: Kehrt um! Kehrt um!
Und das soll jetzt aufgeschrieben werden.

Baruch: Das braucht aber viel Zeit, bis ich eine ganze Schriftrolle vollgeschrieben habe.

Jeremia: Ja, aber es ist die allerletzte Möglichkeit. Vielleicht hört unser Volk noch einmal auf Gottes Worte, wenn sie vorgelesen werden. Hilfst du mir, Baruch?

Baruch: Ja, ich will versuchen, dir zu helfen.

Erzähler: Und so nimmt Baruch aus seinem Regal eine neue schöne Schriftrolle. Er nimmt Feder und Tinte. Und dann geht er mit ins Haus des Jeremia.

2. Szene: **Jeremia diktiert**

Erzähler: Nun kann man sie jeden Tag einige Stunden beieinander sehen.
Jeremia geht auf und ab und diktiert. Baruch schreibt.

Jeremia: So spricht der Herr, der Gott Israels:
Bessert Euer Leben und Euer Tun!

Erzähler: Baruch kann gar nicht so schnell schreiben, wie Jeremia diktieren möchte. Aber er gibt sich viel Mühe, und er schreibt sauber und deutlich, so wie Jeremia es ihm vorsagt: Wort für Wort.

Jeremia: Verlaßt euch nicht auf Lügenworte, die sagen:
Hier ist des Herrn Tempel, hier ist des Herrn Tempel.
Handelt recht, einer gegen den andern.
Seid freundlich zu den Fremden, zu den Waisen und Witwen und übt keine Gewalt.
Vergießt kein unschuldiges Blut.
Lauft nicht fremden Göttern nach.
Dann will ich bei Euch wohnen an diesem Ort. (Jeremia 7,3–7)

Erzähler: Baruch redet Jeremia manchmal dazwischen.

Baruch: Darfst du so etwas schreiben, Jeremia? Ist es wahr, daß niemand richtig zuhört?

Jeremia: Du weißt es doch selber, wie es bei uns in Jerusalem aussieht. Du weißt, wie man mit den Fremden umgeht. Du weißt, wie wenig Gerechtigkeit bei uns ist. Und du weißt, wie stolz die Leute auf sich selber sind.
Schreib nur wieder:
»So spricht der Herr: Ein Weiser rühme sich nicht seiner Weisheit. Ein Starker rühme sich nicht seiner Stärke. Ein Reicher rühme sich nicht seines Reichtums!«

Baruch: Halt, nicht so schnell!
Also: Niemand soll sich rühmen. Niemand soll stolz sein. Was dann?

Jeremia: Schreib weiter: Sondern wer sich rühmen will, der rühme sich dessen, daß er klug ist und mich kennt und weiß, daß ich Gott, der Herr, bin. (Jeremia 9,22.23)

Erzähler: Einmal fragt Baruch den Jeremia:

Baruch: Wie hältst du das eigentlich aus?
Wie kannst du immer wieder etwas sagen, was die Leute ärgert?

Jeremia: Gott hat zu mir gesagt: »Ein Prophet, der Träume hat, der erzähle Träume. Wer aber mein Wort hat, der predige mein Wort recht«.
»Ist mein Wort nicht wie ein Feuer«, spricht der Herr, »und wie ein Hammer, der Felsen zerschmeißt?«
Ich muß ja reden, Gott will das einfach von mir. Aber manchmal ist es auch anders. Ich lebe ja dafür, daß unser Volk vielleicht doch noch hört, was Gott von uns möchte.
Schreib' Baruch. *(Baruch schreibt wieder.)*
Dein Wort ward meine Speise, so oft ich's empfing und dein Wort ist meines Herzens Freude und Trost; denn ich bin ja nach deinem Namen genannt, Herr, Gott Zebaoth. (Jeremia 15,16)

Baruch: Ich glaube, jetzt merke ich, wie schwer es ist, ein Prophet zu sein. Du redest nicht von dir, sondern was Gott dir sagt.

Jeremia: Ja, aber ich selber muß für das einstehen, was ich zu sagen habe. Und das macht alles so schwierig.

Baruch: Ob die Leute wohl dir wieder zuhören, Jeremia? Ich bin gespannt.

3. Szene: **Jeremia gibt Baruch den Auftrag zum Vorlesen**

Erzähler: Und dann eines Tages drängt Jeremia den Baruch.

Jeremia: Wir müssen länger arbeiten, wir müssen schneller arbeiten. In der nächsten Woche ist der große Fasttag. Da kommen alle Leute aus dem ganzen Land nach Jerusalem in den Tempel. Da wollen sie Gott darum bitten, daß er freundlich ist und hilft. Da ist es wichtig, daß diese Rolle vorgelesen wird.

Baruch: Wer soll denn vorlesen? Machst du das selber?

Jeremia: Du weißt: Der König und alle Priester und die Räte des Königs sind auf mich nicht gut zu sprechen. Ich darf nicht mehr in den Tempel.
Du aber geh' hin und lies die Schriftrolle, auf die du des Herrn Worte geschrieben hast, so wie ich sie dir diktiert habe.
Du sollst vorlesen dem ganzen Volk an dem großen Bußtag. Und alle sollen es hören: Die aus der Stadt und die vom Land.
Und ich habe eine große Hoffnung: Vielleicht hören sie dir zu.

Erzähler: Und als der Fasttag gekommen ist, da macht sich Baruch auf und geht in den Tempel.

4. Szene: **Baruch liest im Tempel vor**

(Die Zuschauer des Spiels sind das Volk.)

Erzähler: Im Tempel ist eine große Halle. Da sind viele Leute aus dem ganzen Land versammelt. Von überall her sind sie gekommen. Sie wollen hier im Tempel beten und singen. Aber sie wollen auch zuhören.
Auf einmal kommt in diese Halle Baruch, der Schreiber, mit seiner Schriftrolle. Er stellt sich vorne hin. Und er ruft:

Baruch: Ich habe euch etwas vorzulesen.
Hört des Herrn Wort, das mir Jeremia diktiert hat.
Hört, was Gott uns zu sagen hat!

Erzähler: Die Leute versammeln sich um Baruch. Erstaunt hören sie zu. Und er liest alle die Worte, die ihm Jeremia diktiert hat.

Baruch: Bessert euer Leben und euer Tun!
Verlaßt euch nicht auf Lügenworte, die sagen: Hier ist des Herrn Tempel, hier ist des Herrn Tempel.
Handelt recht, einer gegen den andern.
Seid freundlich zu den Fremden, zu den Waisen und Witwen
und übt keine Gewalt.
Vergießt kein unschuldiges Blut.
Lauft nicht fremden Göttern nach.
Dann will ich bei euch wohnen an diesem Ort.

Leute: Weiter! Lies weiter!

Baruch: So spricht Gott, der Herr: Ihr hört mir ja alle nicht zu!
Der Storch unter dem Himmel weiß seine Zeit, alle Vögel wissen, wann es Zeit ist zum Wegfliegen und zum Wiederkehren.
Aber mein Volk will nicht wissen, was bei Gott recht ist.
Mein Volk fragt nicht, was Gott von ihm will. (Jeremia 8,7)

Leute: He, das ist aber ein starkes Stück.

Baruch: Es geht noch weiter!
Ein Weiser rühme sich nicht seiner Weisheit.
Ein Starker rühme sich nicht seiner Stärke.

Erzähler: Lange liest Baruch vor. Die Leute haben zugehört.
Sie haben erstaunt zugehört. Manche erinnern sich:

Leute: Das kennen wir doch schon!
Das hat Jeremia doch schon immer gesagt!

Leute: Kann der Jeremia immer noch nicht ruhig sein? Hat er es immer noch wichtig? Oder ist das Wort, das er zu sagen hat, vielleicht tatsächlich von Gott?

Erzähler: Baruch kann oft fast nicht mehr vorlesen. Aber dann wird es wieder still, und Baruch liest. Und er schließt mit den Worten:

Baruch: O Land, Land, Land, höre des Herrn Wort. (Jeremia 22.29)

Erzähler: Aber da ist einer, der heißt *Michaja.* Er ist ein Diener des Königs. Er hat begriffen:
Diese Worte sind wichtig. Das muß bekannt werden.
Das müssen die Berater des Königs hören. Vielleicht muß das sogar der König selbst hören.
Und so steht er auf und geht hinaus aus dem Tempel. Er geht geradewegs in die Versammlung der Berater des Königs, in die Versammlung der Oberen im Haus des Königs in der Kanzlei:

5. Szene: **Im Kronrat**

Erzähler: Da sitzen sie alle, die Oberen des Königs,
Elischama, der Schreiber, Delaja, Elnathan, Gemarja, Zedekia.
Michaja kommt.

Michaja: Ich habe Wichtiges zu berichten.
Im Tempel liest Baruch, der Schreiber, eine Schriftrolle vor!

Delaja: Ja und? Das darf er doch!

Michaja: Ja, aber er liest Worte des Jeremia vor.
Er liest Worte von Gott! Und sie sind wichtig.
Es sind Worte von Leben und Tod.
Worte für und gegen uns, auch gegen den König!

Erzähler: Die Oberen brauchen nicht lange, um zu überlegen.
Sie rufen Judi, einen Diener. Und sie sagen zu ihm:

Elnathan: Geh' zu Baruch, dem Schreiber, und sag' ihm:
Nimm die Schriftrolle, aus der du dem Volk vorgelesen hast, mit dir und komm!

Erzähler: Judi geht. – Und nach einiger Zeit kommt er zusammen mit Baruch in den Rat der Oberen des Königs. Ganz freundlich sind sie zu Baruch.

Delaja: Setze dich, lies! Laß' uns hören!

Erzähler: Und Baruch liest:

Baruch: Bessert euer Leben und euer Tun, dann will Gott bei euch wohnen. Verlaßt euch nicht auf die Lügenworte!

Erzähler: Er liest alles, was Jeremia ihm diktiert hat. Und wieder schließt er ab:

Baruch: O Land, Land, Land, höre des Herrn Wort.

Erzähler: Die Oberen haben zugehört. Aufmerksam haben sie zugehört. Sie sind erschrocken. Sie verhandeln miteinander und sagen:

Delaja: Das müssen wir dem König mitteilen.

Elnathan: Sag uns, Baruch, wie hast du alle diese Worte aufgeschrieben?

Baruch: Jeremia hat mir alle diese Worte vorgesagt, und ich schrieb sie mit Tinte auf diese Schriftrolle.

Delaja: Geh' und verbirg dich zusammen mit Jeremia! Niemand darf wissen, wo ihr seid! Achtet darauf! Es ist wichtig!

Baruch: Ich tue, was ihr gesagt habt. Aber paßt gut auf meine Schriftrolle auf. Viele Wochen habe ich geschrieben.

Delaja: Judi, nimm die Schriftrolle. Trage sie in die Halle der Schreiber, dort, wo die Schriftrollen aufbewahrt werden.
Und wir, wir gehen jetzt sofort zum König.
(Die Oberen gehen alle.)

6. Szene: **Im Wintergarten des Königs**

Erzähler: Der König sitzt in seinem Wintergarten.
Er hat es sich bequem gemacht.
Da stören ihn seine Oberen. Sie kommen, verbeugen sich und sagen:

Delaja: Es ist etwas Wichtiges. Im Tempel wurde eine Schriftrolle vorgelesen. Wir haben sie uns angehört. Sie ist so wichtig, daß du, König, sie hören sollst.

König: Gebt die Schriftrolle her!

Delaja: Wir haben sie nicht dabei.

König: Wo ist sie?

Elnathan: In der Halle der Schreiber haben wir sie aufbewahrt.

König: Das sieht euch gleich!
Auf, Judi, geh und hole die Schriftrolle! Aber schnell!

Erzähler: Judi geht, und nach einiger Zeit bringt er die Schriftrolle aus der Halle der Schreiber.

König: So, Judi, jetzt lies, was dieser Jeremia schreiben ließ!

Judi: Ich will es versuchen, Herr.
Ich habe noch nie Gottes Worte gelesen.

König: Die sind auch nicht anders als anderer Menschen Worte. Wer weiß, ob Jeremia sich nicht überhaupt alles nur ausgedacht hat. Lies endlich!

Judi *(liest)*: So spricht der Herr, der Gott Israels: Bessert euer Leben und euer Tun, so will ich bei euch wohnen an diesem Ort. Verlaßt euch nicht auf Lügenworte . . .
Handelt recht, einer gegen den andern. Seid freundlich zu den Fremden, zu den Waisen und Witwen und übt keine Gewalt. Vergießt kein unschuldiges Blut!

König: Halt!

Erzähler: Erschrocken hört Judi auf zu lesen. Der König nimmt ein Schreibmesser, mit dem sonst die Federn zugeschnitten werden, und schneidet das, was Judi vorgelesen hat, ab. Und er wirft das Stück ins Feuer.
(Sie tun es!)
Elnathan bittet den König:

Elnathan: Laß' das, verbrenn' die Schriftrolle nicht, hör' zu! Die Worte sind wichtig. Sie sind von Gott!

Erzähler: Aber der König läßt sich nicht draus bringen.
Judi liest vor. – Der König schneidet ab und wirft ins Feuer. –
Judi liest vor. – Der König schneidet ab und wirft ins Feuer. –
Judi liest vor. – Der König schneidet ab und wirft ins Feuer. So lange, bis die ganze Schriftrolle verbrannt ist.
Und kein Wort von dem, was Judi vorliest, soll gelten. Kein Wort will der König ernst nehmen.
Niemand geht es zu Herzen. Niemand kehrt um.
Jeremia hat umsonst gehofft.
Und dann schickt der König seine Oberen und sagt:

König: Auf, geht und sucht Baruch, den Schreiber, und sucht Jeremia, den Propheten. Ich will sie haben.
Auch sie sollen so verschwinden wie hier das Geschriebene im Feuer verschwunden ist.

Erzähler: Aber man findet Jeremia und Baruch nicht.

7. Szene: **Die Rolle wird neu geschrieben**

Erzähler: Nach einiger Zeit sitzt Jeremia wieder bei Baruch.
Baruch hat wieder eine neue Schriftrolle mitgebracht. Er hat seine Feder gespitzt und die Tinte frisch angerührt. Und Jeremia diktiert dem Baruch noch einmal Wort für Wort.
So, wie Jeremia die Worte vorsagt, so schreibt sie Baruch auf.
Und dieses Mal schreibt er noch viel mehr auf, damit alle es hören können:

Jeremia: Verlaßt euch nicht auf Lügenworte, verlaßt euch nicht auf euch selber, hört, was Gott von euch will. Gesegnet ist der Mann, der sich auf den Herrn verläßt. Er ist wie ein Baum, der am Wasser gepflanzt ist.
O Land, Land, Land, höre des Herrn Wort!

Von Martin Luther erzählen

EBERHARD DIETERICH

Vorbemerkung:
Immer wieder stellt sich die Frage, was muß man von Luther erzählen, damit man ihn versteht? Was ist sinnvoll?
Im folgenden erzähle ich vom Reichstag zu Worms, weil die Schwierigkeit, ganz allein gegen alle zu stehen, von Kindern sehr wohl miterlebt und verstanden wird.
Es ergibt sich dabei aber das Problem, daß man dauernd noch mehr erzählen möchte, damit die historischen Umstände und damit auch das Anliegen Luthers verständlich werden.
Die folgende Erzählung beschränkt sich bewußt auf das Thema: Martin Luther, allein gegen alle?

Von Wittenberg nach Worms

1.

Es ist der 10. Dezember 1519. Schon am frühen Morgen ziehen die Studenten in Wittenberg hinaus vor das Stadttor. Sie wollen zusehen, wie Professor Dr. Martin Luther die Bücher des Papstes verbrennt.

»Ich glaube nicht, daß er sich das traut. Die Gesetzesbücher des Papstes, die gelten immer und ewig. Die darf man nicht verachten und verbrennen.«

Ein anderer sagt: »Aber du hast doch gehört: Dr. Luther sagt: Wir sollen Gott über alle Dinge fürchten, lieben und ihm vertrauen. Ganz allein Gott! Niemand sonst. Nicht dem Papst. Nicht dem Fürsten. Nicht den Bischöfen. Nicht den Pfarrern. Gott allein fürchten und lieben und ihm vertrauen.«

Der Zug der Studenten ist vor dem Elstertor angekommen. Holz für ein kleines Feuer ist vorbereitet. Professor Melanchton, ein Freund von Martin Luther, zündet das Feuer an. Punkt 9.00 Uhr tritt Dr. Martin Luther zitternd und bebend an das Feuer und wirft ein Buch nach dem anderen hinein: Die päpstlichen Rechtsbücher und auch den Brief, mit dem der Papst gedroht hat, daß Martin Luther von Gott und Menschen ausgestoßen werden soll.

Man hält keine großen Reden. Alle starren in die Flammen. Die Bücher brennen gut.

Die Studenten und Professoren gehen wieder heim in die Stadt. Ein Student sagt: »Hurra, er hat's getan. Jetzt weiß es jeder. Dr. Luther läßt sich von niemand etwas sagen. Nur das, was in der Bibel steht, gilt. Alles andere kann man vergessen.« Und in wenigen Wochen weiß man es in ganz Deutschland: Der Luther läßt sich von niemand etwas sagen. Allein das, was in der Heiligen Schrift, in der Bibel steht, gilt.

2.

Es ist Frühling geworden. Ein paar Tage vor Ostern kommt Caspar Sturm, der Bote des Kaisers, nach Wittenberg.

»Der Kaiser und die Fürsten des Reiches laden Dr. Martin Luther vor die Versammlung des Reiches. Vor den Reichstag. Dort soll Dr. Luther selbst Auskunft geben über alles, was er geredet und geschrieben hat. Der Kaiser verspricht ihm, daß ihm auf der Hin- und Rückreise niemand etwas tun darf.«

Martin Luther sagt: »Ich gehe nach Worms. Ich gehe zum Kaiser und zu den Fürsten. Aber ich nehme nichts zurück. Man muß mir mit der Bibel zeigen, daß ich Unrecht habe. Wir sollen Gott über alle Dinge fürchten, lieben und ihm vertrauen.«

Am Ostersonntag predigt Martin Luther noch in Wittenberg. Einen Tag später macht er sich auf die Reise. Der Bote des Kaisers wird Luther begleiten. Jeder soll sehen: Der, der hier kommt, steht unter dem Schutze des Kaisers. Niemand darf ihm etwas tun.

Wie ein Lauffeuer verbreitet sich die Nachricht: Luther muß zum Kaiser nach Worms. Sicher wird man ihn dort verurteilen. Eigentlich braucht er gar nicht hinzureisen! Vor 100 Jahren wurde schon einmal einer verbrannt. Obwohl man ihm versprochen hatte, daß er wohlbehalten hin- und herreisen darf.

Aber Martin Luther macht sich auf die Reise.

3.

Die erste Station ist in Erfurt. Martin Luther hat dort studiert. An der Stadtgrenze warten die Professoren der Universität auf Martin Luther. Sie geleiten ihn wie einen Ehrengast in die Stadt. Martin Luther muß in der Augustinerkirche predigen. Sie ist so voll, daß man Angst hat, die Empore würde einstürzen. Luther predigt: Gott hat uns Menschen lieb. Er schenkt uns seine Güte und Gnade. Niemand darf etwas anderes sagen. Auch nicht der Kaiser oder der Papst. Wir dürfen allein Gott fürchten und lieben und ihm vertrauen.

Eine andere Station ist Weimar. Dort ist der Landesherr von Luther daheim. Der Landesherr ist schon in Worms auf dem Reichstag. Aber Luther bekommt in Weimar das nötige Geld für die große Reise. Er muß jetzt nicht mehr zu Fuß gehen. Er darf einen kleinen Reisewagen benützen, in dem er und drei Freunde Platz haben. Voraus reitet Caspar Sturm, der Bote des Kaisers.

Da kommt auf einmal ein Bote entgegen. Er berichtet: »Dr. Martin Luthers Bücher sind in Worms verbrannt worden.« Überall werden Plakate ausgehängt. Darauf steht: »Alle Bücher von Dr. Martin Luther müssen verbrannt werden. Niemand darf ein Wort von Martin Luther lesen. In Worms wird Martin Luther sagen: ›Meine Bücher sind falsch und unwahr.‹«

Der Herold des Kaisers fragt Martin Luther: »Herr Dr., wollt Ihr weiterreisen? Wollt Ihr jetzt noch nach Worms?«

Martin Luther sagt: »Ja. Auch wenn man mich schon verurteilt hat. Der Kaiser hat mich gerufen. Ich reise zum Kaiser.«

Das war Martin Luthers Glück. Er wußte nicht, daß die Feinde nur darauf hofften, daß Luther nicht käme. Dann könnte man sagen: Martin Luther gehorcht nicht einmal dem Kaiser.

4.

Aber nicht immer geht alles so gut. Die Reise ist lang und anstrengend. Luther hat keine Angst. Er sagt: »Ich will Gott über alle Dinge fürchten, lieben und ihm vertrauen.« Aber er ist müde und matt, wie noch nie. Vielleicht macht die heimliche Angst Martin Luther so krank. Was wird der Kaiser, was werden die Fürsten mit ihm tun?

Jetzt ist es nicht mehr weit nach Worms. Martin Luther ist schon in der Stadt Frankfurt. Von dort schreibt er an seinen Freund Spalatin: »Man will alles tun, damit ich nicht vor dem Kaiser in Worms rede und bekenne. Auch die Krankheit will mich hindern. Aber Jesus Christus lebt. Ich gehe nach Worms. Kein Teufel und niemand darf mich aufhalten.«

5.

Nun sind es nur noch 3 Tage. Dann muß Luther in Worms sein. So hat der Kaiser befohlen. Da kommen in Oppenheim Freunde zu ihm. Sie sollen Luther auf eine Burg im Odenwald holen. Dort auf der Eberburg wolle ein Freund des Kaisers mit ihm sprechen. Luther merkt: Die wollen mich nur aufhalten, damit ich zu spät komme. Er sagt: »Wenn der Freund des Kaisers etwas mit mir zu reden hat, dann kann er das auch in Worms tun!«

Inzwischen haben auch die Freunde Luthers große Angst um ihren Martin Luther. Spalatin schickt aus Worms einen Boten an Luther:

»Komm nicht. Du kannst nicht. Du kommst nicht mehr lebend aus der Stadt. Wir können dir nicht helfen!« Da sagt Luther: »Wenn in Worms so viele Teufel wären, wie Ziegel auf den Dächern: Ich ginge doch in die Stadt. Niemand kann mich aufhalten. Gott will es.«

6.

Endlich ist es soweit. Morgens um 10.00 Uhr am 16. April 1521 fährt Luther in die Stadt Worms. Es geht ganz langsam. Viele Freunde sind ihm entgegengeritten und begleiten ihn. Auf den Straßen drängen sich die Leute. Jeder will Luther sehen: Das ist er. Das ist der, der verurteilt ist! Er traut sich doch in unsere Stadt. Er traut sich, öffentlich vor den Kaiser und die Fürsten zu treten!

Am späten Nachmittag des nächsten Tages ist es soweit. Der Herold Caspar Sturm und der Reichsmarschall Ulrich von Pappenheim holen Luther in seiner Herberge ab und bringen ihn in den großen Saal, wo der Kaiser und die Fürsten tagen.

Auf einer langen Bank liegen alle Bücher von Dr. Martin Luther, eines neben dem anderen. Der Vertreter des Papstes hat es durchgesetzt: Mit Luther wird nicht geredet. Niemand soll versuchen, ihm aus der Bibel die Wahrheit zu sagen. Das wollen und können wir nicht. Wir fragen nur: Sind das alles deine Bücher? Nimmst du sie zurück?

Und so geschieht es. Der Vertreter des Kaisers sagt: »Martin Luther! Der Kaiser hat dich hier vor seinen Thron rufen lassen, um dir zwei Fragen zu stellen. 1. Sind das hier alles deine Bücher? Sieh sie dir nur genau an. Hast du sie geschrieben?«

Laut wird ein Buchtitel nach dem anderen vorgelesen: Und Luther sagt jedesmal: »Ja, das habe ich geschrieben.«

Da fragt der kaiserliche Beamte die zweite Frage: »Bist du bereit, deine Bücher zu widerrufen? Oder bleibst du bei all dem, was du geschrieben hast?«

Martin Luther sagt: »Ich möchte nicht leichtfertig antworten. Ich möchte die Wahrheit sagen. Ich möchte es dem Kaiser recht machen und ich möchte es Christus recht machen. Ich erbitte von Kaiserlicher Majestät aufs demütigste Bedenkzeit, damit ich recht antworten kann.«

Einen Tag bekommt Martin Luther Bedenkzeit. Einen Tag, an dem er sich noch einmal mit vielen Freunden und solchen, die so tun, als ob sie seine Freunde wären, berät. Ein Tag, an dem sein Herz hin und her gerissen ist. Immer wieder sagt man ihm: Du bist ganz allein. Die ganze Welt denkt anders als du. Du hast sicher Unrecht. Und Martin Luther sagt: »Man muß es mir aus der Bibel zeigen, daß ich Unrecht habe. Ich bin gefangen in Gottes Wort. Ich kann doch nicht gegen die Bibel und das, was Gott mir gezeigt hat, reden.«

Und so kommt es: Am anderen Tag sagt Martin Luther vor dem Kaiser: »Ich bin gefangen in Gottes Wort. Ich will, ich darf und ich kann nicht nein sagen.«

Viele Zuhörer sind froh, daß Martin Luther nicht nein gesagt hat. Der Kaiser und viele andere ärgern sich. Man erlaubt Luther, wieder heimzureisen. Das Versprechen des Kaisers, daß ihm niemand etwas tun darf, gilt bis nach Wittenberg. Aber schon nach wenigen Tagen unterschreibt der Kaiser die Urkunde, in der steht: »Niemand darf Martin Luther etwas zu essen oder zu trinken geben. Niemand darf ihm ein Bett für die Nacht geben. Niemand darf ihm helfen. Fangt ihn, bringt ihn zu mir, tot oder lebendig. Er hat gegen den Kaiser und gegen die ganze Welt geredet. Er muß bestraft werden.«

Martin Luther weiß das noch nicht. Aber sein Landesherr, der Kurfürst von Sachsen, weiß es. Er versteckt Martin Luther auf der Wartburg bei Eisenach, damit ihm niemand etwas tun kann.

Martin Luther – Ein Würfelspiel

HERMANN DREWS und ECKHARD LANGE

Spielplan:

Größe etwa 1 × 2,5 m (starker Zeichenkarton von der Rolle); ausgeführt mit dickem Filzstift; die Bilder mit breitem Pinsel großzügig gemalt. (Als Zeichenhilfe habe ich den Overhead-Projektor eingesetzt. Folien dazu nach Vorlagen aus dem Gemeindebrief-Material und aus diversen Heften zum Lutherjahr.)

Spielfiguren:

Denkbar sind kleine Kegel oder Figuren aus Pappröhren (Kerne von Toilettenpapier-Rollen; oder Pappröhren, wie sie für den Versand von Plakaten benutzt werden, durchsägen). Die Kinder könnten sich mit Filzstift ihre Figur selber bemalen. Würfel: ein großer Schaumstoffwürfel (20 cm Kantenlänge oder mehr).

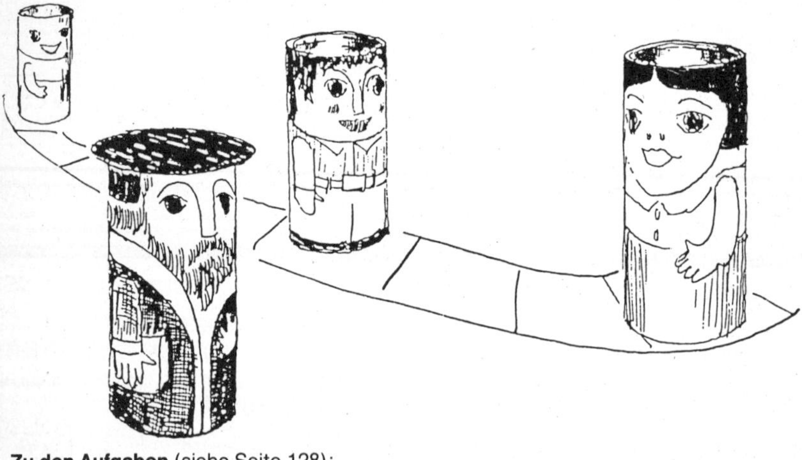

Zu den Aufgaben (siehe Seite 128):

Bei dem Spiel haben wir uns bewußt auf wenige Bereiche aus Luthers Leben beschränkt, damit es bei Kindern Information und nicht nur Verwirrung vermittelt.
Wir haben versucht, die Spielanweisungen bei den roten Zahlen (»vorrücken«, »aussetzen« usw.) möglichst auf den Inhalt der jeweiligen Information zu beziehen: einen Freund = anderen Spieler zu sich nach vorne holen; Luthers Zerknirschung: die Würfe zählen nur noch halb; nach der reformatorischen Entdeckung zählen sie dann doppelt; Luther nach Worms gekidnappt, unklare Situation = abwarten und einmal aussetzen ...
Vielleicht fallen Ihnen noch andere geschickte Ideen ein.

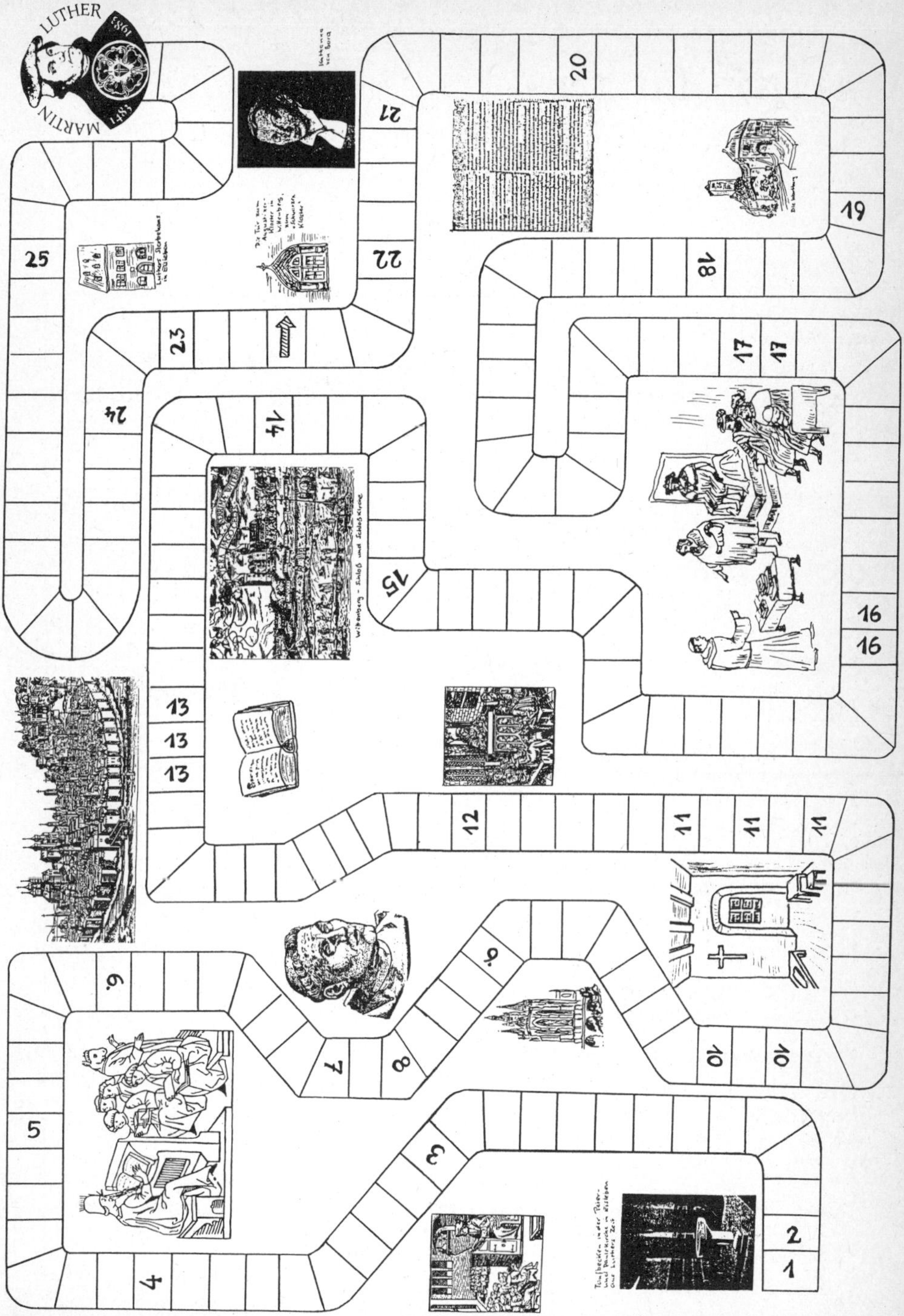
MARTIN LUTHER 1483 1983
Katharina von Bora
Die Tür zum Augustiner-Kloster in Wittenberg, zum „Schwarzen Kloster"
Luthers Sterbehaus in Eisleben
Die Wartburg
Wittenberg - Schloß und Schloßkirche
Taufbecken in der Peter- und Paulskirche in Eisleben aus Luthers Zeit
1
2
3
4
5
6
7
8
9
10
10
11
11
11
12
13
13
13
14
15
16
16
17
17
18
19
20
21
22
23
24
25

Zu den einzelnen Aufgabenfeldern:

1 10. November 1483. Martin Luther wird geboren. Aus Freude darüber darfst du 5 Felder vorrücken.
(Wie alt wäre Luther in diesem Jahre geworden?)

2 11. November 1483 (»Martinstag«). Martin Luther wird getauft. Hast du schon einmal eine Taufe miterlebt?
Ja? – 5 Felder vorrücken.

3 Martin Luther geht auf die Lateinschule. Wenn du ein lateinisches Wort weißt, darfst du noch einmal würfeln.

4 Wie du lernt Martin Luther in der Schule Lesen, Schreiben und Rechnen. Im Unterricht dürfen aber alle nur lateinisch reden. Wer deutsch spricht, muß eine Tiermaske aufsetzen; bis er einen anderen erwischt, der ein deutsches Wort benutzt.
(Siehst du die Maske?) Du hast Glück gehabt;
2 Felder vorrücken.

5 Eine vornehme Familie lädt den Schüler Martin in ihr Haus ein. Da darf er wohnen und essen. Er freut sich. 3 Felder vorrücken.

6 Martin Luther hat vier Jahre studiert und besteht eine große Prüfung. Alle feiern mit einem Fackelzug. Martin Luther darf das braune Magisterbarett tragen. Er ist sehr stolz.
3 Felder vor.

7 Martin Luther will ein Mönch werden. Sein Vater denkt: Alles, was Martin gelernt hat, ist jetzt umsonst. Er will von Martin nichts mehr wissen.
10 Felder zurück.

8 Ehe Martin Luther als Mönch aufgenommen wird, muß er ein Jahr zur Probe im Kloster leben. – Eine Runde mit Würfeln aussetzen.

9 Martin muß alle Arbeit machen, die ihm befohlen wird: Saubermachen, in der Küche helfen, in der Stadt betteln. Wenn du das nächste Mal würfelst, zählt nur die halbe Augenzahl.

10 Im Kloster Erfurt. Martin Luther ist oft traurig, und er hat Angst, daß er Gott nichts recht macht. Er strengt sich an und quält sich sehr. Wenn du das nächste Mal würfelst, zählt nur die halbe Augenzahl.

11 Martin Luther hat oft Angst vor Gott. Er strengt sich sehr an, aber er meint, daß er Gott nicht gefällt. – Dein nächster Wurf zählt nur halb.

12 Martin Luther wird Professor an der neuen Universität in Wittenberg. Er freut sich. 3 Felder vorrücken.

13 Martin Luther entdeckt in der Bibel, daß Gott ihn gar nicht bestrafen will. Gott liebt die Menschen. Große Freude! Deine nächsten beiden Würfe zählen doppelt.

14 In Wittenberg ist ein junger Professor, Philipp Melanchthon. Er wird Luthers Freund. Du und der Spieler, der dir am nächsten steht, rücken drei Felder vor.

15 31. Oktober 1517. Martin Luther schreibt die berühmten 95 Thesen. Sie verbreiten sich in Windeseile über ganz Deutschland. Alle wollen sie lesen. – 5 Felder vorrücken. (»Reformationstag)«

16 Luther muß zum Kaiser nach Worms gehen. Der zeigt ihm die Bücher, die Luther geschrieben hat. »Was du geschrieben hast, ist nicht wahr«, sagt der Kaiser. »Gib es zu!« Aber Luther antwortet: »Ihr müßt mir aus der Bibel zeigen, daß ich Unrecht habe.« – Viele freuen sich, daß Luther standhaft bleibt. 3 Felder vorrücken.

17 Der Kaiser befiehlt: Niemand darf Martin Luther etwas zu essen und zu trinken geben. Niemand darf ihm ein Bett für die Nacht geben. Niemand darf ihm helfen. Fangt ihn, bringt ihn mir, tot oder lebendig. – Alle haben Angst um Luther. Keiner weiß, was geschehen wird. – Eine Runde aussetzen.

18 Auf dem Weg nach Hause wird Luther von Soldaten überfallen und weggeschleppt. Keiner weiß wohin. Viele fürchten, daß Luther tot ist. – Eine Runde aussetzen.

19 Die Soldaten, die Luther überfallen haben, waren Freunde. Sie verstecken Luther auf der Wartburg. Dort lebt er in Sicherheit, verkleidet als ein Ritter. – 3 Felder vor.

20 Auf der Wartburg übersetzt Luther das Neue Testament. In welcher Sprache wurde es zuerst geschrieben? – 5 Felder vorrücken.

21 Luther feiert Hochzeit mit Katharina von Bora. Dazu lädt er alle seine Freunde ein. Du darfst einen Spieler, der hinter dir ist, auf dein Feld vorholen.

22 Der Kurfürst schenkt Martin Luther ein Haus in Wittenberg (das Schwarze Kloster). Du darfst bis zum Feld mit dem Haus vorrücken.

23 1545. Luther zählt alle Bücher, die er in seinem Leben schon geschrieben hat. Es sind viele, und er braucht viel Zeit dazu. – Einmal aussetzen.

24 Martin Luther hat ein berühmtes Weihnachtslied gedichtet. Wie fängt es an? Du darfst im Gesangbuch nachsehen. Nr. 16. – Hast du es schon einmal gehört? Dann darfst du 7 Felder vorrücken.

25 18. Februar 1546. Martin Luther stirbt in Eisleben. Alle Freunde trauern um ihn. Du und ein Spieler, den du dir aussuchst, trauern mit.
2 Runden aussetzen.

... im Angesicht meiner Feinde ...

V. FRIEDENSWOCHE

Kleine Schritte auf dem Weg zum Frieden

Ein Familiengottesdienst

GERHARD KRAFT

Biblischer Kontext: Matthäus 5,3–10.23 + 24

Sprecher: Drei Mitarbeiter/-innen

Zum Gottesdienst:

Dieser Friedensgottesdienst wurde als Abschluß einer Kindergottesdiensteinheit zum Thema »Frieden unter uns und in der Welt« gefeiert.
Er kann allerdings auch gefeiert werden, wenn man ihn in einem Team gut vorbereitet und sich mit den biblischen Inhalten und dem Thema auseinandersetzt.
Kinder können am Gottesdienst durch Lieder und ein Sprechstück beteiligt werden.

Weg des Familiengottesdienstes

Gemeindelied: »Nun danket all und bringet Ehr«, EKG/LfJ 231,1–3 u. 6

Begrüßung: Matthäus 5,9
Frieden schaffen erfordert nicht große Worte, sondern viele kleine Schritte.
Vorurteile und Nichtverzeihenwollen stehen dem Frieden entgegen.
Jesus ermutigt uns, Frieden zu stiften – und will uns dabei helfen.
»Laß uns in deinem Namen, Herr, die nötigen Schritte tun. Gib uns den Mut, voll Glauben, Herr, heute und morgen zu handeln.« (K. Rommel) Amen.

Lied der Kinder: »Herr, gib mir Mut zum Brücken bauen«, LfJ 697

Gebet: »Gib Frieden, Herr« (siehe LfJ Seite 479, Nr. 52)

Psalm: 146,2–10

Gemeindelied: »Frieden bei Kirch und Schule beschere uns«, EKG 212,3

Nun können Bilder und Collagen besprochen werden – oder die Helfer tragen zum Thema »Vorurteile« Texte mit Briefauszügen von Ursel vor.
(Briefe von Ursula Rave ausführlich in »entwurf 77/1«, Religionspädagogische Mitteilungen in Baden und Württemberg. Haus Birkach, 7000 Stuttgart 70. Abdruck mit freundlicher Genehmigung der Autorin.)

Helfer 1:
Ihr Älteren sprecht oft vom letzten Weltkrieg. Er muß furchtbar gewesen sein nach allem, was ihr erzählt.

Viele Väter sind damals nicht mehr nach Hause gekommen, auch Mütter, Großeltern und Kinder mußten sterben.
Ursel war damals 10 Jahre alt, als sie an ihren Vater, der draußen an der Front war, in einem Brief schrieb:

»Lieber Papa!
Die Hannelore von gegenüber ist tot. Scharlach! Sie hat das Fieber nur zwei Tage ausgehalten. Sie war zu schwach, weil es so wenig zu essen gibt. Ich hab' zu Mutti gesagt, warum sie die Hannelore nicht gesund gemacht hat. Mutti sagte: ›Wie soll ich sie gesund machen? Ohne Medikamente? Ich hab' im ganzen Dorf die Hausapotheken durchgesucht. Nichts mehr da, einfach nichts!‹«

Helfer 2:
Ursel war voll Haß auf die Feinde. Waren sie doch an allem schuld. Daß Hannelore sterben mußte. Daß Vater nicht zu Hause war. Daß Großmutters schönes Haus zerbombt war. Die Feinde sind an allem schuld – so hörte sie in der Schule und wenn Mutter Nachrichten hörte. Und Ursel sann nach Rache. »Wenn ich ein Gewehr hätte«, sagte sie einmal zur Nachbarin, »ich täte sie erschießen.«

Helfer 3:
Einmal, der Krieg war schon zu Ende, kam eine Gelegenheit zur Rache. Stolz schrieb sie an den Vater, der jetzt in der Gefangenschaft war:

»Lieber Papa!
Heute war ich mit Brigitte bei ihrem Onkel. Er gab uns Äpfel für den Heimweg. Auf einmal kam ein Auto, natürlich ein amerikanisches, Deutsche dürfen ja keine fahren. Kurz, ehe der Straßenkreuzer an uns vorüberfährt, haben wir beide wie auf Kommando unseren Apfelbutzen dem Ami auf die Windschutzscheibe geschmissen. Die zwei Apfelbutzen landeten links und rechts auf der Scheibe und explodierten in zig Stücke. Die Sauerei hättest Du sehen sollen! Dem hatten wir's aber gegeben mit seinem affigen Auto! Wir hopsten vor Vergnügen auf der Straße herum.«

Helfer 1:
»Das Auto hielt und fuhr rückwärts auf uns zu. Wir sind in den Acker reingerannt. Der Ami stieg aus, lief hinter uns her und hatte uns bald eingeholt. Er zwang uns, stehenzubleiben. Ich konnte sowieso mich nicht mehr rühren vor Angst. Er redete ganz ruhig in gebrochenem Deutsch mit uns, daß wir das nie mehr machen dürften. Sogar von einem Apfelbutzen könnte beim schnellen Fahren die Scheibe kaputtgehen und die Leute im Auto töten. ›Ich wollte, sie wäre kaputt!‹ sagte ich. Wie ich den haßte! Er verstand es sofort. Seine Hände ließen uns los. Er stand da, als hätte er keine Kraft mehr, und schaute uns beide traurig an. Dann drehte er sich um, ging langsam zu seinem Auto und fuhr weg.«

Helfer 2:
Es war am 1. Weihnachtsfest nach dem Krieg, da begegnete Ursel »ihrem Feind« wieder. Mit dem Schulchor sang sie im amerikanischen Hauptquartier Weihnachtslieder.

Sie schrieb:
»Wir stellten uns auf zum Singen. Da kamen noch eilig vier Amerikaner rein als letzte, meiner dabei in der schönsten Uniform mit einem ganzen Haufen Orden und Abzeichen. Ich bin fast umgefallen vor Schreck und hab' mich wahnsinnig geschämt. Er saß natürlich vorne, keine drei Meter von mir weg, und hat mich die ganze Zeit angeschaut. Der Lehrer zischte mir zu: ›Aufpassen!‹ Und wir sangen.«

Helfer 3:
Bald sangen alle Amerikaner mit. Viele konnten es auswendig, andere hatten sich ihre Gesangbücher von ihrer Kirche daheim in Amerika nach Deutschland mitgebracht. In diesen Gesangbüchern stehen also unsere deutschen Weihnachtslieder aus unseren Gesangbüchern in englisch drin. Ich hatte gedacht, unser Lehrer hätte die Lieder ins Englische übersetzt, damit die Amerikaner verstehen können, was wir singen. Erst war es mir gar nicht recht, daß die Amerikaner unsere Lieder auch haben. Mir war, als müßte ich was hergeben, das uns gehört, und noch dazu für sie. Später fand ich es sehr lustig, so zusammen zu singen. Es ist ein seltsames Gefühl, mit den Feinden zusammen die gleichen Lieder zu singen.«

Pfarrer:
Wir Menschen müssen manchmal Gegner sein, wenn wir verschiedene Meinungen haben und durchsetzen wollen. Das können wir Menschen nicht vermeiden. Oft aber machen wir aus einem Gegner einen bösen Feind:

Wir sind gut – und ihr seid böse.
Wir kämpfen für das Richtige – und ihr wollt das Schlechte.
Wir haben keine Schuld – und ihr seid schuld.
Wenn wir euch besiegen – dann wird alles besser.

So lassen sich viele Menschen aufhetzen. So fangen viele Menschen an zu hassen. So entsteht Feindschaft zwischen den Menschen. So ist schon viel Unglück und Leid in die Welt gekommen.

Lied der Kinder: Hört, wen Jesus glücklich preist«, LfJ 627, 1,4–6.8
Gemeinde: Halleluja

Pfarrer:
Jede zur Versöhnung ausgestreckte Hand ist ein Schritt zum Frieden in der Welt. – Matthäus 5,23 + 24 (wörtlich).
Vorurteile und Nicht-verzeihen-Wollen stehen dem Frieden entgegen. Doch

oft sind es nicht nur Vorurteile, wie bei Ursel – sondern da gibt es wirklich Gründe, die nach Rache schreien; die das Verzeihen, die Versöhnung schwermachen.

Helfer 1:
Er war in Südfrankreich. Junge Leute trafen sich zu einer ökumenischen Begegnung. Deutsche, Engländer, Franzosen, Dänen, Norweger, Belgier, Holländer und Amerikaner.
Der Tag mit seinen Gottesdiensten und seinen Reden war zu Ende. Sie saßen im weiten Rund auf der Erde, in der Mitte brannte ein mächtiges Lagerfeuer. Sie sangen. Sie redeten und lachten. Da bat ein schmaler, junger Belgier, sie möchten ihm erlauben, zu der Versammlung ein paar Worte zu sagen.

Helfer 2:
»Ich muß euch etwas erzählen, Freunde. Ich war im vergangenen Krieg ein kleiner Junge und lebte in Belgien. Mein Vater und meine Mutter wurden von der Nazi-SS erschossen. Ich habe mir geschworen, die Mörder meiner Eltern mein ganzes Leben lang zu hassen. Nun bin ich hierher gefahren, weil ich hoffte, französische Freunde zu treffen. Ich wußte nicht, daß auch Deutsche hier sein würden. Ich wäre sonst nicht gekommen. Denn es ist nicht möglich zu vergessen. Ich kann nicht vergessen. Ich kann nicht vergeben. Nein, es ist unmöglich. So habe ich es mir vom ersten Tag an gesagt. Ich wollte nun eben so tun, als wären sie nicht da.

Helfer 3:
Heute morgen beim Gottesdienst unter den Kastanien war neben mir ein Platz frei. Ein Deutscher kam und setzte sich neben mich. Ihr wißt, es war kalt heute morgen. Ich hatte einen Umhang da, der Deutsche neben mir nicht. Es war klar, ich legte den Umhang um uns beide. Aber ich sagte mir: Er ist nicht dein Freund. Er ist ein Deutscher, du mußt ihn hassen. Er wußte es natürlich nicht und lachte mich an. Nachher, beim Abendmahl, standen wir vorn wieder nebeneinander. Plötzlich wußte ich: Christus ist nicht nur für uns, sondern auch für diese Deutschen gestorben. Und ich entdeckte, daß auch die Deutschen Brüder sind . . . Das ist alles, was ich sagen wollte!
(Nach Jörg Zink, aus »Deine Zeit und alle Zeit«, Kreuz-Verlag, Stuttgart [vergriffen], mit freundlicher Genehmigung des Verfassers.)

Pfarrer:
Warum ist es eigentlich so schwer, den ersten Schritt zu tun, den ersten Schritt zum Frieden? Warum ist es eigentlich so schwer, sich zu versöhnen? Wir wollen siegen – über die anderen. Müssen wir nicht zuerst siegen – über uns selbst? Müssen wir nicht zuerst die Feindschaft im eigenen Herzen besiegen? Für Menschen, die an Jesus glauben, kann es etwas Wichtigeres geben, als recht behalten und über andere siegen:

Helfer 1: zusammenkommen,
Helfer 2: sich versöhnen,
Helfer 3: Frieden schließen.
Pfarrer: Gott selbst hat den ersten Schritt getan – zu uns. Deshalb können auch wir es wagen, den ersten Schritt zu tun – zu den anderen.

Lied der Kinder:
»Laß uns in deinem Namen, Herr, die nötigen Schritte tun«, LfJ 659, 1–4

Kinder: »Seligpreisungen«
1. Wenn ihr die Gewalt verachtet, dann werdet ihr überleben.
   Denn eure Gedanken und Argumente sind bessere Waffen als Panzer und Bomben.
2. Wenn ihr eure Liebe verschenkt, ohne eine Gegenrechnung aufzustellen,
   dann ist eure Liebe echt.
3. Wenn ihr die halben Entscheidungen hinter euch laßt und ganze Schritte geht,
   dann wird euch die Zukunft gehören.
4. Wenn ihr auf Rache verzichtet um Jesu willen
   und eure Hand ausstreckt zur Versöhnung,
   dann seid ihr Gottes Kinder.

Kinder und Gemeinde: »Gib uns Frieden jeden Tag«, LfJ 648, 1 + 2

Gebet: (Nach Worten der Franziskaner)

Pfarrer:
Herr – du hast den Frieden in die Welt gebracht,
indem du Gottes Liebe zu uns verkündigt hast,
— mache mich zu einem Werkzeug deines Friedens, daß ich Liebe übe, wo man sich haßt.

Helfer 1:
Herr – du hast unsere Schuld auf dich genommen – Gott hat uns deinetwegen verziehen,
— laß mich verzeihen, wo man sich beleidigt, und verbinden, wo Streit ist.

Helfer 2:
Herr – du hast verheißen, wer hingibt, der empfängt,
— laß mich die Wahrheit sagen, wo der Irrtum herrscht, und den Glauben bringen, wo der Zweifel drückt, und Hoffnung wecken, wo Verzweiflung quält.

Helfer 3:
Herr – du bist das Licht der Welt,
— mache mich zum Werkzeug deines Friedens, daß ich ein Licht anzünde, wo die Finsternis regiert, und Freude bringe, wo der Kummer wohnt.

Helfer 1:
Ach Herr – du tröstest mich – laß mich jemand trösten.

Helfer 2:
Ach Herr – du verstehst mich – laß mich einen andern verstehen.

Helfer 3:
Ach Herr – du liebst mich – laß mich jemand lieben,

Pfarrer:
denn wer da hingibt – der empfängt,
wer sich selbst vergißt – der findet,
und wer verzeiht – dem wird verziehen,
und wer da stirbt – der erwacht zum ewigen Leben. Amen.

Vaterunser
Abkündigungen und Segen

Gemeinde und Kinder: Kanon »Dona nobis pacem«, LfJ 649
oder: »Herr, gib uns deinen Frieden«

Wir feiern einen Kinderfriedenstag

Ein Friedensfest mit Liedern, Ideen, einer Erzählung und mehr

aufgeschrieben von MARLIESE PLATZÖDER

Biblischer Kontext: Offenbarung 21,1–4

Vorbemerkungen:

1. »Kindern den Frieden erklären« ist nicht immer leicht. Überhaupt kommt man mit »erklären« immer wieder in Schwierigkeiten.
Wir wollten einen anderen Weg gehen: Wir wollten den Frieden feiern, dabei den Unfrieden beim Namen nennen, und ein großes Friedensfest miteinander überlegen.
Die folgenden Ideen sind als Anregung für die eigene Phantasie und das eigene Gestalten eines Friedensfestes gedacht.

2. Eine Friedensgeschichte

Wir haben eine Geschichte ausgewählt, in der es um einen Streit und die Versöhnung bzw. um das Verhältnis von Kleinen und Großen, um Angst und Vertrauen geht. Es ist die Geschichte von »Jaga und der kleine Mann mit der Flöte«, ein Kinderbuch von Irina Korschunow (dtv junior, Nr. 7550, mit Bildern von Annegert Fuchshuber).
Die Erzählung dient uns als Rahmen und wird von der Gruppe jeweils weitergespielt und ausgestaltet.

3. Ablauf des Kinderfriedenstages

Wir haben für unser Friedensfest das Grundschema eines Gottesdienstes gewählt, das heißt, man kann manche Festelemente auch kürzen und in einen Familiengottesdienst integrieren.
Vielleicht ist es sinnvoll, am Samstag das Friedensfest und am Sonntag mit verschiedenen Elementen daraus einen Familiengottesdienst zu entwickeln und zu feiern.

4. Zur Vorbereitung:

- Soll beim Fest etwas zum Essen und zum Trinken angeboten werden?
- Unter 3. (Seite 141) finden Sie Bastelvorschläge. Das Material hierfür sollte bereitliegen und vorbereitet sein.
- Die Lieder und Kanons ansingen und einüben lohnt sich!

1. Ablauf des Kinderfriedenstages

A. BEGRÜSSUNG, Kennenlernen, Aufwärmen, in Bewegung kommen (einige Spiele dazu siehe unter 3.)

B. EINGANG (hier wird die Erzählung von »Jaga« als *Rahmen* eingeführt:)

Das Böse und das Gute

In einer Stadt lebt Jaga, eine böse Zauberin, die die Menschen in der Stadt erschreckt, indem sie auf ihrer Trompete bläst und die Töne wie schwarze, drohende Vögel über die Stadt fliegen. Dann bekommen die Menschen böse Gedanken, streiten sich, und die Kinder spielen nur »Kaputtmachspiele«.

In der gleichen Stadt lebt der Kleine Mann, der Gutes bewirkt, wenn er auf seiner Flöte bläst. Alles wird plötzlich wieder hell, freundlich, und die Menschen werden zufrieden.

Eines Tages verwandelt Jaga, die sich über die Macht des Kleinen Mannes ärgert, ihn in einen Großen Mann. Nun kann er nicht mehr auf seiner Flöte spielen, und die Stadt wird wieder zu einem Ort der Trauer, des Zankes und der bösen Gedanken.

C. LIED: »Jeder Schritt auf dieser Erde soll ein Schritt zum Frieden sein«
(z. B. in: »Menschenskinderlieder«, Nr. 84; hrsg. von der Beratungsstelle für Gestaltung von Gottesdiensten, Frankfurt, 2. Aufl. 1987)

D. KLAGE
Wo gibt es bei uns Streit, Angst, Böses und Feindschaft? Das Gespräch wird zusammengefaßt in einem Klagepsalm. Das nachfolgende Gebet haben Kinder formuliert: Angstsätze wurden gesammelt und in eine Litanei gebracht.

Wir haben Angst

Einer: Gott, wir haben Angst vor Streit, Macht, Dunkelheit, Räubern, Gewalt, Katastrophen, Uneinigkeit, Tod.

Alle: Herr, erbarme dich ...

Einer: Gott, wir haben Angst vor Krankheit, Drohungen der Großen, vor Krieg, Bosheit und Haß.

Alle: Herr, erbarme dich ...

Einer: Gott, wir haben Angst vor dem Ertrinken, vor großen Tieren, Schlangen, Löwen, auch vor Spinnen, vor Prüfungen und der Schule.

Alle: Herr, erbarme dich ...

Einer: Gott, wir haben Angst vor Bomben, vor dem Alleinsein, vor Ungeheuern, vor Not, Streit und Krieg.

Alle: Herr, erbarme dich ...

Einer: Gott, wir haben Angst vor Durst, Hunger, Lärm und Krimis, vor Bomben und dem Atomkrieg.

Alle: Herr, erbarme dich ...

(Aus: »Liturgie im Kindergottesdienst«, Materialheft Nr. 45, S. 167; Beratungsstelle für Gestaltung von Gottesdiensten, Frankfurt 1985)

E. ZUSPRUCH

(»Die andere Erfahrung« in der Geschichte von »Jaga und der kleine Mann mit der Flöte«:)

Die anderen Erfahrungen

Obwohl diese mächtige Zauberin die Stadt und die Menschen beherrschte, kommt der Kleine Mann mit der Flöte gegen sie an und gewinnt vor allem die Kinder für seine Sache. Sie haben nun keine Angst mehr vor Jaga und spielen schöne Spiele, bis sie eines Tages fragt, wieso sie denn keine Angst vor ihren Trompetentönen haben. »Weil wir auf die Flöte von dem Kleinen Mann hören«, antworten sie ihr, und da macht sie sich auf den Weg, diesen ihren Feind aufzusuchen und auszurotten ...

F. LIED: »Du verwandelst meine Trauer in Freude«
(zu finden in: »Menschenskinderlieder«, Nr. 9, hrsg. von der Beratungsstelle, Frankfurt)

G. VERWANDLUNG/VERTIEFUNG
Wir spielen Szenen, wie sich bei uns Angst in Vertrauen, Trauer in Freude, Feindschaft in Freundschaft verwandelt hat –

H. VISIONEN/TRÄUME
Zur Frage »Wie kann es weitergehen« werfen wir uns in der Gruppe ein Wollknäuel zu und nennen dabei unsere Hoffnungen und Träume. Das entstandene Netz wird zum Dach der »Hütte Gottes« (Offenbarung 21,1–4), unter das wir uns anschließend setzen, essen und singen ...

J. LIED:
Ich träum' davon

Worte: nach M. L: King:
Musik:
Dorle + Bernd Schlaudt
Rechte bei den Autoren

Die »Hütte Gottes« (Offenbarung 21,1–4)

In der Offenbarung 21 wird von einer Zeit erzählt, in der es keinen Krieg, keinen Schmerz und kein Leid mehr gibt. Das Zeichen des Friedens wird sein, daß Gott bei uns Menschen wohnen wird, und die Aufgabe von uns Christen ist es, diese Zukunftshoffnung zu behalten und an der »Hütte Gottes«, einem friedlichen Miteinander, zu bauen.

Die »Hütte Gottes«, der Ort unserer Friedensvision, wird ausgestaltet mit Malen (Bastelvorschläge unter 3., Seite 141), Tanzen, Feiern. Dort hören wir auch den Schluß der Jaga-Geschichte:

Das gute Ende

Der große Kleine Mann ist traurig, weil er nicht mehr Flöte spielen kann. Da wird eines Tages das verstockte Herz der Jaga erweicht durch einen Vogel, der ihr zufliegt und sie mit seinem Gesang erfreut; sie bläst nicht mehr auf der Trompete, fühlt sich einsam und verwandelt sogar den großen Kleinen Mann wieder. Zuletzt sitzen sie beide zusammen, und er spielt ihr auf der Flöte vor.

»Alles war gut in dieser Stadt und in dieser Geschichte.
Denn ich habe ja nur eine Geschichte erzählt. Weil es so viele Jagas gibt.
Und weil ich so gerne möchte, daß in jede Stadt ein Kleiner Mann mit der Flöte kommt.
Und mir immerzu vorstelle, wie das wohl wäre.
Darum habe ich mir die Geschichte ausgedacht.«

L. Bitten/Fürbitten

Auf Zettel können Wünsche für andere Menschen geschrieben werden. Daraus wird auf folgende Weise ein Fürbittegebet:

1. Sprecher: *(Kind oder Mitarbeiter)*
Treuer Gott! Das sind unsere Wünsche für andere Menschen: ...
(vier oder fünf Wünsche werden vorgelesen)

2. Sprecher: Bei Gott sind alle gut aufgehoben.

Alle: *(singen:)*

Wie in einer zärtlichen Hand

1. Sprecher: Treuer Gott! Das sind unsere Wünsche ... *(usw.)*

M. Lied: »Und wenn ich auch nach Hause muß«

Dieser Segenskanon leitet gleichzeitig eine Auswertungs- bzw. Abschiedsphase für den ganzen Tag ein und klingt dann aus im ...

N. Segen

Und wenn ich nach Hause muß

Text: Sybille Fritsch;
Musik: Bernd Schlaudt
Aus: »Menschenkinder-kirchentag«, 1987
Rechte bei den Autoren

2. Spiele von Klein und Groß, den ersten Schritt wagen, Angst und Vertrauen

2.1 *Klein und Groß*

Dazu leite ich eine Übung an: Laßt den Kopf hängen – er wird immer schwerer, zieht euch nach unten – der Rücken beugt sich und wird rund, die Arme hängen nach unten – wenn euer Oberkörper ganz runterhängt, knicken die Knie ein und der Po wird immer schwerer, so daß ihr langsam in die Hocke kommt. – Dort bleibt ihr klein und rund eine Weile sitzen, dann die Hüfte nach oben ziehen – dabei die Knie wieder gerade machen und später den Oberkörper – Wirbel für Wirbel wieder aufrichten.

2.2 *Der erste Schritt*

Dazu leite ich eine Übung an, wie du vom Pendeln deines Körpers zu den ersten Schritten kommst.
Stelle deine Füße schulterbreit, schließe die Augen und stell dir vor, daß durch deinen Körper eine Gerade geht, eine Schnur, die oben am Kopf befestigt ist und jetzt langsam hin und her bewegt wird – von rechts nach links – erst eine kleine Bewegung, sie wird größer – die Füße bleiben dabei fest auf dem Boden, der Körper ist gerade und schwingt wie ein Pendel hin und her.
Vom Pendeln, das immer stärker wird, hebt dann irgendwann der eine Fuß ganz wenig vom Boden ab, später länger, so daß die Balance eingesetzt werden muß. Schwebt der eine Fuß erst einmal eine Weile in der Luft, dann kann er auch an eine andere Stelle gesetzt werden – vorsichtig! – der erste Schritt ist getan!

2.3 *Vertrauen wagen*

Die Übung ist bekannt: Eine/r ist blind, der/die andere führt vorsichtig durch den Raum, zeigt der/dem Partner/in bestimmte Dinge im Raum mit dessen/deren Händen. Dazu braucht ihr eine ruhige, konzentrierte Atmosphäre!

3. Bastelvorschläge

zur Ausgestaltung der »Hütte Gottes«

3.1 Tauben

Taubenmodell auf weißen Karton aufmalen und ausschneiden. Nach innen ca. 2–3 mm Rand stehen lassen, der Rest wird mit einer spitzen Schere herausgeschnitten.
Taubenumriß mit Transparentpapier hinterkleben. Mehrere (Friedens-) Tauben kann man z. B. zu einem Mobilé zusammenstellen.

3.2 Schafe

Fester brauner Karton wird einfach oder doppelt gelegt, in Schafform ausgeschnitten (s. Modell) und mit gewaschener und gekardeter (+gekämmter), aber ungesponnener Schafwolle beklebt (Stift- oder Flüssigkleber verwenden).
Augen, Ohren und Schwanz einzeichnen bzw. ankleben, vielleicht auch noch die Beine schwarz malen (dann gibt es eine Heidschnucke!).
Vielseitig verwendbar – siehe z. B. Lukas 15,1–7!

3.3 Transparent »Friedenstaube« (Vorlage siehe Seite 129)

Aus dieser Vorlage könnt ihr ein schönes Transparent herstellen:
Die Umrisse auf Tonpapier übertragen, die weißen Felder ausschneiden und mit Transparentpapier hinterkleben.
Weiß für die Taube, Blau für den Himmel und Grün für den Grund. Ihr könnt aber auch ganz andere Farben ausprobieren. Viel Spaß!

Selig sind, die Frieden stiften

Ein Holzschnitt von Hans-Georg Anniès zu Matthäus 5,9
mit Bausteinen und Anregungen zu einem Friedensgottesdienst

aufgeschrieben von EBERHARD DIETERICH *und* GERHARD KIEFER

Beobachtungen und Gedanken zur Grafik:

— Bäume bzw. Ausschnitte von Bäumen, viele Linien stehen unverbunden nebeneinander.
— Wurzeln und Zweige reichen zum anderen Baum hinüber, überwinden vor allem eine große Kluft oder den Graben in der Mitte.
— Wurzeln und Zweige sind gestaltet wie offene Hände, bereit zu empfangen, zu geben und zu segnen.

Im Bild ist eine Bewegung aufeinander zu – über alles Trennende hinweg; er wird sichtbar: »Selig sind, die Frieden stiften«. Das hat mit dieser Bewegung etwas zu tun. Frieden stiften heißt, geben und bereit sein zu nehmen, zu empfangen. Das schafft die Verbindung über Grenzen und Gräben hinweg.

Hans-Georg Anniès nimmt Bäume als Motiv für dieses Wort. Der Baum als Bild und Motiv für den Menschen wird auch in der Bibel immer verwendet, zum Beispiel: Psalm 1; Jeremia 17,5–8; Offenbarung 22,1–2; Richter 9,8–15; Matthäus 7,17–18; Matthäus 12,33; Sprüche 1,3; Jesaja 62,3.

Der Mensch, der aus dem Wort Gottes lebt, »der ist wie ein Baum, gepflanzt an Wasserbächen. Er bringt Frucht zu seiner Zeit« ... »denn sie werden Gottes Kinder heißen«.

Es geht also nicht um einen allgemeinen Aufruf, aktiv zu sein für den Frieden. Es geht auch nicht darum, mit letzter Kraft Frieden zu schaffen – als ob wir jemals Frieden schaffen könnten!

Es geht vielmehr darum, den Frieden, den Gott uns schenkt, anzunehmen und weiterzugeben – sich von Gottes Frieden beschenken zu lassen und von da aus wieder Frieden zu stiften.

»Ehre sei Gott in der Höhe und Frieden auf Erden und den Menschen ein Wohlgefallen.« Gott kommt zu uns Menschen, er wird selber Mensch. Darin wird sein Friedensangebot deutlich. Er kommt nicht mit überwältigender Macht, nicht mit Demonstration von Stärke. Sondern: Er wird schwach, unterlegen, hilflos und bietet uns so Frieden an. Er streckt uns die Hand hin zum

Gruß und macht uns ein Friedensangebot. Wenn wir auf einen Menschen zugehen und ihm die Hand geben, so mache ich ein Friedensangebot, das heißt, ich komme nicht mit Waffen. Das war der ursprüngliche Sinn des Händegebens. Deshalb ist es keine belanglose Geste, wenn wir auf den anderen zugehen und ihm die Hand geben.

Die Grafik als Faltkarte

Die links abgebildete Grafik ist als zweifarbige Faltkarte mit einem Gebet auf der Innenseite (siehe Seite 144) erhältlich bei: Verlag Junge Gemeinde, Abt. Versandbuchhandlung, Postfach 10 50 64, 7000 Stuttgart 10.

Was man mit der Karte alles tun kann:

— Betrachten – und sich in den Bänken darüber austauschen, was man empfindet und was man entdeckt hat.
Der Verwunderung Raum geben, daß hier nicht Menschen, sondern Wurzeln und Zweige dargestellt sind.

— Der Riß wird überbrückt.
Wir suchen Beispiele von der Überwindung von Rissen und schreiben sie auf eine große Tafel, zum Beispiel:
»Das erste Wort nach dem Streit«;
»nicht zurückschlagen«;
»zuhören«;
»geben und nehmen« ist gleich »sich beschenken lassen«.
Sie werden staunen, was eine Gemeinde hier alles findet.

— Friedensworte suchen.
Ein Friedenswort aufschreiben und die Karte mit einem Nachbarn tauschen.
Ein Friedenswort aus dem Gottesdienst zu jemandem bringen.

— Am Ende des Gottesdienstes, beim Singen eines Friedensliedes, einen Kreis bilden oder wenigstens einander die Hände geben.
(Wir ahmen so vorsichtig die Bewegung der Zweige auf der Grafik nach.

Kanon

Gebet mit Kehrvers

Selig sind, die Frieden stiften.
Herr, gib uns Mut zum ersten Schritt.

Herr, du willst Frieden,
Frieden zwischen Menschen und Völkern,
Frieden in Familien, Fabriken und Schulen.
Du willst Frieden, der den Namen verdient.

Selig sind, die Frieden stiften.
Herr, gib uns Mut zum ersten Schritt.

Schritte zum Frieden sind schwer.
Du, Herr, kennst unsere Angst.
Du kennst die Ängste, die den Frieden bedrohen.
Du weißt, wie weit wir vom Frieden entfernt sind.

Selig sind, die Frieden stiften.
Herr, gib uns Mut zum ersten Schritt.

Wir spielen Krieg und Kampf.
Frieden spielen sind wir nicht geübt.
Herr hilf, daß wir nicht nur vom Frieden reden.
Laß uns erkennen, was dem Frieden dient.

Selig sind, die Frieden stiften.
Herr, gib uns Mut zum ersten Schritt.

Dein Friede ist »höher als alle Vernunft«.
Die andere Backe hinhalten –
Dem Bösen keinen Widerstand leisten –
Verzeihen, ohne zu rechnen –?

Selig sind, die Frieden stiften.
Herr, gib uns Mut zum ersten Schritt.

Zeige uns, Herr, was wir tun können.
Zeige uns, wo wir auf andere hören
und von anderen lernen können.
Zeige uns, wie Risse in unserer Welt zuwachsen können.

Selig sind, die Frieden stiften.
Herr, gib uns Mut zum ersten Schritt.

Wer Frieden stiftet, ist dein Kind.
Herr, mach uns zu deinen Kindern. Amen.

... ich werde bleiben
im Hause des Herrn immerdar.

VI. EWIGKEITSSONNTAG

Foto: Karl Mündlein

Uhren, Zeit und Ewigkeit

Ein Familiengottesdienst mit Psalm 90

GOTTFRIED MOHR *und Team*

Zur Vorbereitung:
»Uhren, was sie uns zeigen« – Zu diesem unter Nr. 4 vorgeschlagenen Gottesdienstteil können aus Karton vier große Zifferblätter gestaltet werden:

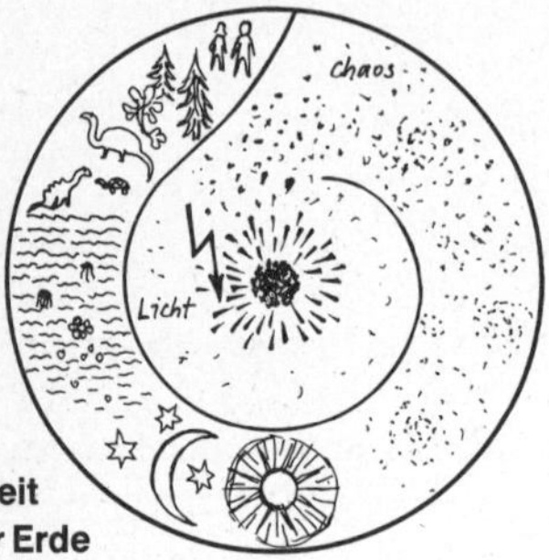

1. Die Zeit unserer Erde

2. Die Zeit der Geschichte

3. Die Zeit des Lebens

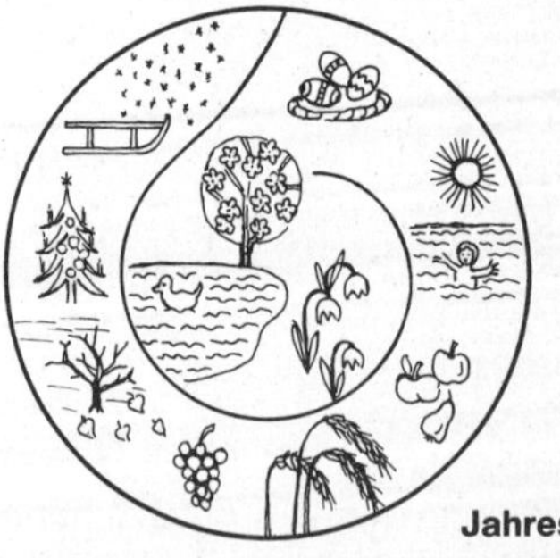

4. Die Jahreszeiten

Unter Nr. 6 ist ein Ratespiel vorgesehen, das Tiefsinniges hinter bekannten Redewendungen aufzeigen will durchs Spiel.
Während der Predigt (Nr. 9) kann das schnelle und langsame Vergehen der Zeit durch ein Bewegen des Uhrzeigers dargestellt werden. – Der Gottesdienstentwurf selbst kann mit mehreren Sprechern erarbeitet und durchgeführt werden.

Ort im Kirchenjahr:
Gegen Ende des Kirchenjahres liegt die Frage nach Zeit und Ewigkeit (»Ewigkeitssonntag«) »in der Luft«. Der Gottesdienstentwurf selbst bezieht sich allerdings nicht direkt auf den »Ewigkeitssonntag« – hierfür bedarf er noch der weiteren Vorbereitung und Veränderung. Er wurde gefeiert als Abschluß der großen Sommerferien und gewissermaßen als Beginn der »zweiten Jahreshälfte«.

Verlauf des Gottesdienstes

1. Vorspiel des Posaunenchors

2. Begrüßung und Ansage des Themas

3. Gemeinsames Lied: »Der Gottesdienst soll fröhlich sein«, LfJ 688a

4. Uhren – und was sie uns zeigen

(Für jeden sichtbar ist das alte Zifferblatt der Kirchturmuhr aufgebaut mit einem großen Zeiger. Das Zifferblatt selber ist zu Beginn mit weißem Papier zugehängt. Im folgenden erscheinen verschiedene gemalte Zifferblätter.)

SPRECHER:

Zifferblätter und Uhrzeiger zeigen uns die Zeit. Welche Zeit eigentlich?
Jetzt ist es 9.45 Uhr, das zeigt meine Uhr.
Jetzt ist der 7. September, das zeigt der Kalender.
Jetzt ist 1986. Jetzt ist Spätsommer.
Jetzt werden Kinder geboren. Jetzt sterben Menschen. – Es ist etwas Sonderbares mit der Zeit.
Es kommt einem vor, als gäbe es verschiedene Zeiten. Dabei ist's immer dieselbe Zeit: Tageszeit oder Lebenszeit oder Jahreszeit.
Schauen wir jetzt auf diese Uhr hier vorne. Sie soll uns verschiedene Zeiten vor Augen führen.

(Auf der Uhr erscheint das erste Zifferblatt. Während die Zifferblätter gewechselt werden, singt die Gemeinde Strophen des Liedes EKG 232: »Sollt ich meinem Gott nicht singen«.)

Gemeinde: »Sollt ich meinem Gott nicht singen«, EKG 232, Vers 1

4.1 *Die Zeit unserer Erde*

Vor 15 Milliarden Jahren – das ist eine 15 mit neun Nullen – war für unsere Erde die Stunde Null. Die Wissenschaftler reden vom Urknall. Das Universum war da. Bis 6 Uhr morgens war nur Chaos, Feuer, Explosionen. Den Tag über bis zum Abend ordnet sich das Chaos zu Sonnensystemen mit unzähligen Sternen.

Um 18 Uhr – vor viereinhalb Milliarden Jahren – ist unser Sonnensystem da. Die Erde ist geboren, der Mond und unsere Sonne. Gegen 20 Uhr bilden sich riesige Meere, und in ihnen entsteht das erste Leben: Einzeller, Algen, Flechten. Vor ungefähr einer Milliarde Jahren kriechen die ersten Wirbeltiere ans Land. Es ist 22 Uhr. Zwischen 22.35 Uhr und 22.56 Uhr leben die Dinosaurier auf unserem Planeten. Diese 21 Minuten entsprechen 160 Millionen Jahren.

Jetzt wird es eng auf unserer Uhr. Vier Minuten vor Mitternacht entsteht unsere heutige Tier- und Pflanzenwelt. Der Mensch erscheint 10 Sekunden vor Mitternacht. Das war heute vor 450 000 Jahren.

Gemeinde: »Himmel, Erd und ihre Heere ...«, EKG 232, Vers 6
(Es erscheint das zweite Zifferblatt)

4.2 *Die Zeit der Geschichte*

Wir beginnen im Jahr 2000 vor Christus. Da lebten die Ägypter und bauten ihre Pyramiden. Am frühen Morgen beginnt die Blütezeit der Griechen. Im Jahre 400 vor Christus wird die berühmte Akropolis in Athen erbaut. Dann beherrschen die Römer lange Zeit die Geschichte. Christi Geburt im Jahre Null verändert nicht nur die Geschichte. Zwischen 100 und 300 nach Christus wurde der Limes gebaut und niedergerissen.

Es ist nun 14 Uhr auf unserer Geschichtsuhr. Dann kommt das Mittelalter. Burgen und Ritter sind typisch für diese Zeit. Kirchturmuhren übrigens gibt es ab 1200 nach Christus. Mit der Entdeckung Amerikas im Jahre 1492 fängt die neuere Geschichte an.

Die Uhr zeigt 21.30 Uhr; unsere Kirche wird erbaut im Jahr 1732. Die Wellingtonien (riesige Nadelbäume) im nahen Wald werden im Jahre 1866 gepflanzt.

Wir nähern uns unserem Jahrhundert – die neueste Geschichte beginnt.

Wo stehen wir heute, vierzig Jahre nach dem Zweiten Weltkrieg? Atombomben, Raketen, Waldsterben, Tschernobyl ... Es ist 5 vor 12!!!

Gemeinde: »Meiner Seele Wohlergehen ...«, EKG 232, Vers 5
(Es erscheint das 3. Zifferblatt)

4.3 *Die Zeit des Lebens*

Wir stellen das Leben eines Menschen auf unserer Uhr dar. Die Stunde Null ist unsere Geburt. Bis in den Vormittag reichen Kindheit und Jugend, die Zeit des Spielens, Wachsens und Lernens.

Die Lebenssonne steht hoch am Horizont. Der Mensch arbeitet und verdient sein täglich Brot. Er verliebt sich, heiratet, Kinder werden geboren und wachsen in der Familie auf.

Es kommt der Lebensabend. Man geht in Rente. Der Mensch braucht nun mehr Ruhe. Die Kräfte lassen nach. Seine Lebensuhr läuft ab. Es kommt der Tod.

Gemeinde: »Wie ein Adler sein Gefieder ...«, EKG 232, Vers 2
(Es erscheint das 4. Zifferblatt)

4.4 *Die Jahreszeiten*

Wie der Uhrzeiger sich im Kreise dreht, genauso kehren die Jahreszeiten wieder: Jahr um Jahr.

Im Frühling freuen wir uns an den ersten Schneeglöckchen; der Bauer bestellt das Land; die Bäume stehen in Blütenpracht; die Kinder freuen sich an Ostern.

Im Sommer ist man am liebsten draußen: Es ist heiß; Feste werden gefeiert; Badezeit, Urlaubszeit. Und das schönste am Sommer sind die Ferien.

Der Herbst ist die Erntezeit: Der Wein wird gekeltert; die Hausfrau kocht Marmelade; die Tage werden kürzer; das Laub verfärbt sich bunt; Nebel kommen auf.

Es wird Winter. Man sitzt gerne im Haus am warmen Ofen. Es schneit; auf den Straßen gibt's Glatteis; Schlitten und Skier werden vom Dachboden geholt; es wird Weihnachten. Der Winter ist lang. Manchem wird er zu lang. Dann sehnt man sich nach dem Frühjahr. Der Kreis schließt sich.

Gemeinde: »Das weiß ich fürwahr . . .«, EKG 232, Vers 10
(Nun erscheint ein normales Zifferblatt einer Kirchturmuhr)

Die Uhr führt uns vor Augen, wie das ist mit der Zeit:
Es vergehen Stunden – es vergehen Tage – es vergehen Jahre . . .
Die Zeit des Lebens läuft ab; das Rad der Geschichte dreht sich weiter; hoffentlich bleibt für unsere Welt noch etwas Zeit.
Die Zeit läuft . . . daran können wir nichts machen. Die Zeit, man kann sie nicht anhalten und nicht beschleunigen. Sie ist uns vorgegeben.

5. *Psalmgebet*

Ein Uhrmacher hat einmal eine Uhr gebaut, auf deren Zifferblatt sind die Zahlen durch Buchstaben ersetzt, statt der 1 steht ein Z, statt der 2 ein E, und wenn man dann reihum die Buchstaben liest, liest man den Satz: ZEIT IST GNADE.

Jede Stunde buchstabiert der große Zeiger diesen Satz, alle 12 Stunden der kleine Zeiger: ZEIT IST GNADE.

Zeit kann keiner machen. Sie ist uns vorgegeben, geschenkt, anvertraut.

Wir staunen über die Zeit und wollen vor Gott unser Staunen in Worte fassen und miteinander das Psalmgebet sprechen (siehe Seite 153/154).

6. *Ratespiel*

Die Kinderkirche hat für diesen Gottesdienst ein Ratespiel vorbereitet. Zu erraten sind Redensarten zum Thema Zeit. Redensarten sind ja oft recht tiefsinnig. Kinder spielen jetzt Kinder sieben Redensarten vor. Sie dürfen bitte raten und mir zurufen, welche Redensart vorgespielt wurde.

1. Zeit ist Geld — Ein Kind dreht eine große Uhr aus Pappe hin und her. Auf der Vorderseite ist ein normales Zifferblatt, auf der Rückseite ein 5-DM-Stück. Das Kind sagt: »Komisch, vorne ist eine Uhr, hinten eine Münze. Was ist das?«

2. Zeit stehlen – Mehrere Uhren stehen auf einem Tisch. Ein Kind geht vorbei, schaut sich um und nimmt heimlich eine Uhr, versteckt sie. (Wiederholen) Da sagt das Kind: »Hoffentlich sieht mich keiner!«

3. Zeit totschlagen — Kinder schlagen mit einem Hammer auf einen großen Wecker. »Den mach' ich kaputt!«

4. Zeit sparen — Ein Kind steckt viele kleine Uhren in ein großes Sparschwein: »So, jetzt habe ich viel Zeit!«

5. Zeit verschwenden — Ein Kind zieht aus seinen Taschen viele Uhren, betrachtet sie kurz und wirft sie dann in einen Mülleimer: »Die gefällt mir nicht mehr; die ist mir zu alt . . .«

6. Zeit fliegt davon — Auf dem Bauch einer Papierschwalbe sieht man ein großes Zifferblatt. Ein Kind nimmt die Schwalbe und läßt sie fliegen:
»Oh, meine Zeit ist ein Vogel geworden!«

7. Jetzt schlägt's dreizehn — Ein Kind betrachtet nachdenklich das Zifferblatt einer Uhr und zeigt es deutlich. Bei der Uhr steht statt der 12 eine 13: »Irgend etwas stimmt doch nicht mit der Uhr!«

7. Das Nachtwächterlied

Fast an jedem Handgelenk ist eine Uhr. Etliche Uhren sind in der Wohnung. Uhren am Bahnhof, am Kirchturm, im Auto. Zeitansage im Radio, Fernsehen, Telefon.

Früher war das anders. Da sang der Nachtwächter sein Lied Stunde für Stunde. Zu jeder Stunde, die er besang, fügte er seine Gedanken hinzu. Da dachte man mehr über die Zeit nach als heute.

Die Kindersinggruppe singt jetzt die Verse des Nachtwächterliedes: »Hört ihr Herrn und laßt euch sagen . . .« Sie alle stimmen bitte in den Refrain ein. Und die Gedanken des Nachtwächters denken wir mit unseren Gedanken weiter.

Kinder: Hört, ihr Herrn, und laßt euch sagen,
unsre Glock hat zehn geschlagen.
Zehn Gebote setzt Gott ein;
gib, daß wir gehorsam sein!

Alle: Menschenwachen kann nichts nützen,
Gott muß wachen, Gott muß schützen:
Herr, durch deine Güt' und Macht
gib uns eine gute Nacht.

Sprecher: Zehn Gebote setzt Gott ein;
gib, daß wir gehorsam sein.

Das siebte Gebot heißt: Du sollst nicht stehlen. Können wir auch so etwas Unwiederbringliches stehlen wie die Zeit? Nicht nur unserem Nächsten, auch uns selbst, die Zeit stehlen?

— Wenn wir nicht in der Lage sind, Wichtiges von Unwichtigem zu unterscheiden;
— wenn wir Stunden unnütz vertun mit leerem Geschwätz auf Partys und Festen;
— wenn wir zu träge sind, den Fernseher abzuschalten, obwohl uns das Programm längst nicht mehr interessiert.

Auf vielen Zifferblättern steht der lateinische Spruch: Carpe Diem – Nütze die Zeit.

Kinder: Hört, ihr Herrn, und laßt euch sagen,
unsre Glock hat elf geschlagen!
Elf der Jünger blieben treu;
hilf, daß wir im Tod ohn' Reu!

Alle: Menschenwachen kann nichts nützen . . .

Sprecher: Elf der Jünger blieben treu;
hilf, daß wir im Tod ohn' Reu!

Reue empfindet der Mensch, wenn er im Leben Wichtiges verpaßt hat. Er arbeitet und hat keinen Erfolg. Er strampelt sich ab, und alles ist für die Katz. In der Freizeit belastet er sich zusätzlich, statt sich zu entspannen. Überfüllte Autobahnen, Hetze von einem Vergnügen zum anderen, und an der Bar wird der Frust mit Alkohol betäubt. Wer so lebt, empfindet Reue am Schluß. Er war seiner Zeit nicht treu, der Zeit, die ihm geschenkt wurde.

Kinder: Hört, ihr Herrn, und laßt euch sagen,
unsre Glock hat zwölf geschlagen!
Zwölf, das ist das Ziel der Zeit;
Mensch, bedenk die Ewigkeit!
Alle: Menschenwachen kann nichts nützen ...

Sprecher: Zwölf, das ist das Ziel der Zeit;
Mensch, bedenk die Ewigkeit!

Zwölf Zahlen stehen auf unserer Uhr. In zwei Mal zwölf Stunden dreht sich die Erde. In zwölf Monaten umrundet die Erde die Sonne. Zwölf – eine heilige Zahl. Zwölf Stämme hat das Volk Israel. Zwölf Jünger lebten mit Jesus. Und endlich einmal öffnen sich die zwölf Tore des himmlischen Jerusalem zur Ewigkeit in Gott, der das A und das O, der Anfang und das Ende, der Erste und der Letzte ist.

Kinder: Hört, ihr Herrn, und laßt euch sagen,
unsre Glock hat eins geschlagen!
Eins ist nur der ew'ge Gott,
der uns trägt aus aller Not.
Alle: Menschenwachen kann nichts nützen ...

Sprecher: Eins ist nur der ew'ge Gott,
der uns trägt aus aller Not.

Gott ist Herr über unsere Zeit: Ich bin der Herr, dein Gott. Er schuf die Sonne. Von ihr hängt alles Leben ab. Sie bestimmt den Lauf unserer Zeit:
Die Himmel erzählen die Ehre Gottes
und die Feste verkündigt seiner Hände Werk.
Er hat der Sonne ein Zelt am Himmel gemacht;
sie geht heraus wie ein Bräutigam aus seiner Kammer
und freut sich wie ein Held, zu laufen ihre Bahn.

Kinder: Hört, ihr Herrn, und laßt euch sagen,
unsre Glock hat zwei geschlagen!
Zwei Weg hat der Mensch vor sich;
Herr, den rechten führe mich!
Alle: Menschenwachen kann nichts nützen ...

Sprecher: Zwei Weg hat der Mensch vor sich;
Herr, den rechten führe mich!

Als Kind glaubt man: Unermeßlich lang ist die Wegstrecke meines Lebens. Wenn man älter wird, erkennt man, daß der vor uns liegende Weg immer kürzer wird und wie schnell wir auf unserer Lebensbahn dahingleiten. Unser Lebensweg: Es gibt die breite, gut ausgebaute, bequeme Straße. Es gibt den engen, steinigen, beschwerlichen Weg. Auf der breiten Straße rast unser Leben wie im Fluge vorbei.

8. Gemeindelied: »Seinen Geist, den edlen Führer ...«, EKG 232, Vers 4

9. Zeit und Ewigkeit

Liebe Gemeinde!
Wir Menschen sind mit der Zeit nie im reinen.
»Wie war's im Urlaub?« fragt jemand.
»Viel zu schnell vorbei«, bekommt er zu hören.
»Und der erste Arbeitstag?« fragt er weiter.
»Ich hatte das Gefühl, es will niemals Feierabend werden!«
»Ich müßte schon seit einer Stunde daheim sein!« sagt einer zu seinem Bekannten. Dem geht es ganz anders:
»Schade, daß du nicht bleiben kannst. Ich liege hier auf dem Sofa mit meinem Gipsbein. Mir wird die Zeit arg lang.«
»Wie die Zeit vergeht!« sinniert ein Dritter, »mir kommt's vor, als wär' mein Geburtstag letztes Jahr erst gestern gewesen!«
Kinder denken anders: »Wenn ich doch schon 12 wäre, dann dürfte ich vorne sitzen im Auto!«

(Immer bei der ersten wörtlichen Rede wird der Uhrzeiger ganz schnell, bei der eingerückten wörtlichen Rede ganz langsam bewegt.)

So ist das mit der Zeit: Mal vergeht sie zu schnell, mal will sie nicht vergehen. Nie ist man mit ihr im reinen.

Als Kind aber habe ich auch mal anderes erlebt:
Ich habe gespielt mit meinem Freund, einen ganzen Nachmittag lang – und die Zeit vergessen. Das war wunderschön, außer der Schimpfe daheim, fürs Zuspätheimkommen.

Ich glaube, Momente, in denen man die Zeit vergißt, haben was mit der Ewigkeit zu tun.

Ewigkeit – ich könnte mir sie so vorstellen – Ewigkeit ist, wie wenn man bei der Uhr auf dem Zeiger sitzt. Dann ist man immer auf der Höhe der Zeit. Dann läuft man der Zeit nie hinterher und wird nie von ihr getrieben. Dann steht man über der Zeit und schaut auf sie herab, auf die Ziffern des Zifferblatts. Und, daß man sich dreht, das merkt man gar nicht, wie man ja auch nicht merkt, daß sich die Erde dreht.

Wenn Gott die Zeit in seiner Hand hat, dann ist seine ausgestreckte Hand gleichsam der Uhrzeiger. Wenn wir unser Leben in seine Hand legen, dann kommen wir ins reine mit der Zeit, dann beginnt in unserem Leben die Ewigkeit. Amen.

10. Gemeindelied: »Weil denn weder Ziel noch Ende . . .«, EKG 232, Vers 11

11. Schlußgebet

Alle: Du, Herr, schenkst die Zeit, bist allein ihr Herr.
Und unsre Stunden stehn in deiner Hand.

1: Hilf mir, meine Zeit richtig zu nützen, für mich und andere,
für alle Dinge, die getan werden müssen.
Steh mir bei in der Hetze des Alltags,
daß ich nicht gejagt werde von Terminen und Menschen.

Alle: Du, Herr, schenkst die Zeit, bist allein ihr Herr.
Und unsre Stunden stehn in deiner Hand.

2: Laß mich Zeit finden für fremde Menschen,
die von mir Hilfe und Verständnis erwarten,
Trost und Freundlichkeit,
wenn sie nicht weiterwissen.

Alle: Du, Herr, schenkst die Zeit, bist allein ihr Herr.
Und unsre Stunden stehn in deiner Hand.

3: Mach, daß dunkle und schwere Stunden schneller vergehen, auch wenn Angst und Trauer sie endlos erscheinen lassen.

Alle: Du, Herr, schenkst die Zeit, bist allein ihr Herr.
Und unsre Stunden stehn in deiner Hand.

4: Schenk mir täglich etwas Zeit für mich selbst, zum Spielen und Freuen,
zum Stillesein und Träumen und für ein Gespräch mit dir.
Dann weiß ich: Du bist alle Zeit bei mir.

Vater unser

12. Gemeindelied: »Unser Leben sei ein Fest«, Neue Lieder II, 791, 1–3

13. Abkündigungen

14. Segen

15. Posaunenchor: Nachspiel

Du schenkst die Zeit (Psalm 90)

Sprecher 1–4: DU, HERR, SCHENKST DIE ZEIT, BIST ALLEIN IHR HERR.
UND UNSRE STUNDEN STEHN IN DEINER HAND.

Sprecher 1: *Ich kann mir das nicht vorstellen:*
Viele Milliarden Jahre schon dreht sich unsere Erde;
seit Jahrtausenden schon gibt es Menschen.
Da kommt mir meine Lebenszeit winzig und klein vor,
wie ein einziges Ticken der Uhr.

Gemeinde: Herr, du bist unsere Zuflucht für und für.
Ehe denn die Berge wurden
und die Erde und die Welt geschaffen wurden,
bist du, Gott, von Ewigkeit zu Ewigkeit.

Sprecher 2: *Ich denke oft darüber nach:*
Wie haben die Menschen früher gelebt:
zur Zeit der Römer oder der Germanen?
Wie war es, als es noch kein Auto gab,
keine Schule, kein elektrisch Licht?
Alles war anders

und doch haben die Menschen gelacht und geweint,
sich gefreut und geärgert wie ich.

Gemeinde: Tausend Jahre sind vor dir wie der Tag,
der gestern vergangen ist
und wie eine Nachtwache.
Du lässest sie dahinfahren wie einen Strom.

Sprecher 3: *Ich freue mich an meinem Leben:*
Im Fotoalbum sehe ich mich als Baby,
erinnern kann ich mich nicht mehr daran.
Man wächst, wird erwachsen,
lernt und erlebt immer Neues.
Aber auch das stimmt:
Jeden Tag kommt mein Tod einen Tag näher.

Gemeinde: Unser Leben währet siebzig Jahre;
und wenn's hoch kommt, so sind's achtzig Jahre,
denn es fähret schnell dahin,
als flögen wir davon.

Sprecher 4: *Ich denke nach und staune.*
Die Zeit vergeht, immer,
und eine Stunde, die vergangen ist, kehrt nie mehr zurück.
Und doch kommt nach jeder Nacht ein neuer Tag;
nach jedem Winter kommt ein neuer Frühling;
und wenn der Tod auch die Lebenszeit beendet,
beginnt mit jeder Geburt neues Leben.
Was ist die Zeit? Ich kann das nicht fassen!
Ich kann nur hoffen, daß ich meine Zeit sinnvoll fülle.

Gemeinde: Herr, unser Gott, sei uns freundlich
und fördere das Werk unserer Hände bei uns.
Ja, das Werk unserer Hände wollest du fördern.

Sprecher 1–4: DU, HERR, SCHENKST DIE ZEIT, BIST ALLEIN IHR HERR.
UND UNSRE STUNDEN STEHN IN DEINER HAND.

Gemeinde: »Ehr sei dem Vater und dem Sohn . . .«

Angst vor dem Meer und dem Sterben

Eine Erzählung zu Matthäus 8,23–27

JÜRGEN KOERVER

Zur Erzählung:

Die Erzählung zur Geschichte von der Sturmstillung wurde für den Ewigkeitssonntag geschrieben. Sie versucht mit Text und Thema des Sonntags gleichermaßen umzugehen.
Man tut gut daran, diese Geschichte aus Matthäus 8 wie ein Gleichnis zu lesen und zu verstehen: Das Schiffchen (V. 23) ist wie unser Leben, in das wir mit Jesus eingestiegen sind. Es fährt zunächst meist gemächlich und alltäglich dahin, nichts eigentlich Aufregendes geschieht . . .
Der Sturm (V. 24) ist wie eine lebensbedrohende Macht: Krankheit, Unglück, Tod . . .
Plötzlich fällt er über uns her – angstmachend, verderbend, tödlich . . .
Der schlafende Jesus ist zwar mit in unserem Lebensschiff – aber im Augenblick der Bedrängnis, der Angst, der Todesnot scheint er zu schlafen, abwesend zu sein . . .
Wie gebannt sehen wir auf Sturm und Wellen und rechnen mit dem Schlimmsten (»Kleinglauben«, Vers 26), statt mit dem »Besten« zu rechnen, ihm unser ganzes Vertrauen und »großen Glauben« zu schenken, der Wind und Wellen gebieten kann.
Die Geschichte verleitet leicht dazu, ein unrealistisches Gottvertrauen zu begünstigen: Wenn man stark genug vertraut, geht alles gut aus! Dann allerdings versteht man Jesus als den allmächtigen Zauberer.
Wichtig dagegen ist es, darauf hinzuweisen, daß diese Erzählung – es ist kein Bericht! – eine von vielen Erfahrungen mit Jesus ist. Jesus selbst hat auch ganz andere Erfahrungen gemacht: »Mein Gott, mein Gott, warum hast du mich verlassen?«

Singspiel:

Zur Geschichte von der Sturmstillung, Matthäus 8, 23–27, finden Sie im Band 2 dieser Reihe »Das Kirchenjahr feiern« auf den Seiten 169–173 ein einfaches Singspiel von Ulrich Gohl mit dem Titel »Gott ist unsere Zuversicht«.

Ort im Kirchenjahr:

Es ist nicht üblich, gegen Ende des Kirchenjahres oder gar am Ewigkeitssonntag einen Familiengottesdienst zu feiern. Und doch gehören die Themen Sterben und Tod, aber auch Vertrauen und Zuversicht mitten hinein ins Leben der ganzen Familie. Man merkt es dann, wenn man durch einen Todesfall in der Familie oder Verwandtschaft betroffen ist.
Ob die Erzählung von Jürgen Koerver als Erzählpredigt nicht großen und kleinen Gemeindegliedern gleichermaßen was zu sagen hätte? Ob sich womöglich in Verbindung mit dem in Band 2 auf den Seiten 169–173. abgedruckten Singspiel nicht ein wohltuender Familiengottesdienst gegen Ende des Kirchenjahres feiern ließe?
Und dabei hat die Geschichte aus Matthäus 8 nicht nur dort – aber auch dort seinen Ort.

A. Eine Rahmengeschichte zu Matthäus 8,23–27

Angst vor dem Meer und dem Sterben

»Es ist ganz sinnlos«, murmelte Ruth vor sich hin – und schob dann doch den Balken zur Seite, um das Haustor zu öffnen. Sie mußte sich kräftig gegen das Tor stemmen, denn der Sturmwind drückte von draußen dagegen . . .
Sie streckt den Kopf heraus. Aber da ist nichts zu sehen: Der Regen prasselt herunter und liegt wie ein dichter Vorhang über dem See. Und der schlägt in hohen Wogen gegen das Ufer; keine 30 Schritte vom Haus entfernt fahren die Wellen hoch gegen die Felsen und klatschen zurück. Der Sturm heult und drängt Ruth ins Haus hinein. Das Haustor kracht von selbst zu – sie braucht nur den Riegelbalken wieder zurückzuschieben. Eine Zeitlang schaukeln die Fische, die an langen Schnüren aufgereiht zum Trocknen von den Dachbalken herunterbaumeln im Wind noch hin und her; dann hängen sie wieder still . . .
Nur das Pfeifen des Sturmwindes ist zu hören, das Knistern des Herdfeuers – und das leise Stöhnen von Absalom, dem alten Mann. –
»Ruth, Ruth – wo bist du?« ruft er jetzt wieder leise.
Ruth geht zu ihm. »Ich komm' ja schon!« sagt sie.
Absalom liegt, eingehüllt in eine Decke, auf seiner Schlafmatte ganz nah am Herdfeuer.
»Hast du ihn gesehen?« fragt er. »Wo bleibt mein Thomas?«
Ruth zuckt die Schultern. »Ich weiß nicht, Vater«, sagte sie. »Bei diesem Sturm . . . auf dem See . . . Ich kann nur hoffen, daß sie es erst garnicht unternommen haben, hierher nach Kapernaum zu fahren!«
»Thomas kennt sich aus . . . mit dem Wetter . . . und dem See Genezareth . . .«, murmelt der alte Mann. »Er ist ein erfahrener Fischer . . . Aber der See ist launisch . . . ich weiß es . . . Plötzlich ist der Sturm da . . . und dann . . .«
Er verstummt.
»Komm, Vater«, sagt Ruth, »leg dich schön hin und ruh dich aus. Thomas wird schon kommen. Er ist ja wirklich ein erfahrener Fischer . . . und die anderen ja auch.«
»Die anderen?« fragt Absalom.
»Nun ja – Simon und Andreas und Johannes – du kennst sie doch?!«
»Ja, ja, natürlich kenn ich sie. Lauter gute Fischer . . . Sind sie alle zusammen? Wieso eigentlich bei Tage . . . zum Fischen . . . Bei Tag geht doch keiner fischen . . .«
»Sie sind nicht zum Fischen!« sagt Ruth. »Sie sind doch – hab' ich dir das nicht erzählt? – Sie sind mit Jesus ans andere Ufer!«
»Ah – mit diesem Jesus!« ächzt der alte Mann und schüttelt den Kopf. »Und mein Thomas bei ihm. Und ich lieg hier und . . . Er sollte hier sein, wenn es mit seinem Vater zu Ende geht . . .!«
»Er verkündet mit Jesus die gute, neue Botschaft von Gott«, sagt Ruth.

»Und ich?« flüstert der alte Mann, »und ich? Wer sagt mir etwas Gutes von Gott? Ich hab' Angst, Ruth . . . Angst . . . vor dem Sterben . . .!«
»Thomas kommt sicher gleich!« sagt Ruth und denkt zugleich: Hoffentlich . . . hoffentlich ist ihm nichts geschehen.
Draußen heult der Sturm; man hört das Krachen der Wellen, wenn sie gegen die Felsen schlagen . . . Und dann wird es still. Fast plötzlich ist die Gewalt des Sturmes wie gebrochen. Noch ein paarmal pfeift der Wind ums Haus . . . ein Schauer prasselt nochmals nieder und – ja, da blinzelt die Sonne schon durch eins der kleinen Fenster der Fischerhütte . . .
Ruth geht wieder zum Haustor, schiebt den Balken weg – das Tor schwingt auf: Der See liegt ruhig da, als hätte es nie einen Sturm gegeben. Die Wellen plätschern leise. Sie tritt hinaus. – Letzte graue Wolken jagen dahin.
Da! – Da kommt ein Boot! Ein Segelmast hängt geknickt herunter, zerfetzte Segel flattern im Fahrtwind.
Sie legt die Hände um den Mund. »Thooo-mas!« ruft sie.
»Hiiiier!« schallt es zurück. –
Ruth läuft zurück ins Haus. »Thomas kommt!« ruft sie. »Es ist ihm nichts geschehen!«
»Gut, gut!« keucht Absalom, »soll zu mir kommen! Rasch!« . . .

Thomas erzählt seinem sterbenden Vater

Wenig später sitzt Thomas, der Fischer, neben der Schlafmatte seines alten Vaters. Die anderen haben das Boot an Land gezogen und sind heimgegangen. Simon Petrus hat Jesus mitgenommen in sein Haus in der Stadt. »Ich hätt' ihn zu mir einladen sollen«, denkt Thomas, als er neben seinem Vater hockt. »Jesus hätte ihm sicher was Gutes sagen können!«
»Und ihr seid eingestiegen ins Boot und abgefahren?« fragt Absalom leise.
»Ja – wir sind eingestiegen«, fährt Thomas in seiner begonnenen Erzählung fort, »Jesus wollte heim – und wir natürlich auch. Jesus hatte noch einer Menge von Leuten Rede und Antwort zu stehen. Zuletzt – wir waren schon beim Einsteigen – war da einer, der wollte sich Jesus auch anschließen, also zu unserer Gruppe gehören. ›Ich will dir gern folgen‹, sagt er, ›nur: gib mir noch ein paar Tage Zeit. Mein Vater ist nämlich gestorben, und nun muß ich für seine Beerdigung sorgen, du verstehst, Herr?‹ Aber Jesus sagte zu ihm: ›Nun, wenn du mir folgen willst, dann sofort! Betrauern und beerdigen, das überlaß anderen, du hast Wichtigeres zu tun . . .!‹«
»Ist er mit euch gegangen?« fragt Absalom.
»Nein«, sagt Thomas, »dem war der Tote wichtiger!«
»Das will ich auch hoffen!« knurrt Absalom. »Ich will auch eine ordentliche Beerdigung – und dafür wirst du sorgen, Thomas! Nicht wahr . . .?«
»Wenn Jesus mich nicht braucht«, entgegnet Thomas. »Er hat davon gesprochen, daß er nach Gadara, ans andere Ufer, will. Aber jetzt wird er wohl nicht

gleich wieder losfahren – nach diesen Tagen. Jesus ist ja schon im Boot vor Müdigkeit eingeschlafen ...!«
»So, so«, sagte der alte Mann. »Und was geschah?«
»Ja also: wir fuhren los«, greift Thomas die Erzählung wieder auf, »und wie gesagt: Jesus legte sich gleich schlafen. Warum auch nicht? Vom Boot und Segeln und Steuern versteht er ohnehin nichts – das ist unsere Sache als erfahrene Fischer. – Zuerst ging's gut, wir machten rasche Fahrt. – Aber dann ... Wir waren ungefähr auf der Höhe von ›Rachels Felsen‹, da ...«
»Fallwinde, nicht wahr?!« flüstert Absalom.
»Genau, Vater! Ein schnelles Gewitter von Westen – und die Fallwinde von Osten. Hast du so was je erlebt, Vater?«
»Nein«, keucht Absalom, »aber dein Großvater, der ist in so einem Sturm mit dem Boot gekentert und ertrunken. Der Herr sei ihm gnädig!«
»Ja«, fährt Thomas fort, »es kam rasend schnell. Ein kurzes Pfeifen – und schon war es da. So rasch, daß wir die Segel nicht mehr einholen konnten. Sie zerrissen wie altes Papyrus ... Und schon schlugen die Wellen ins Boot – und im Handumdrehen lag es quer zu den Wellen. – Es war grauenhaft! Selbst Simon und Andreas, die ja wirklich erfahrene Seeleute sind – selbst die schrien vor Angst. Und Simon brüllte: Es ist aus! Da kommen wir nicht durch! – Und das dachte ich auch. ›Jetzt ... jetzt muß ich sterben!‹ ging's mir durch den Kopf, ›Gott, warum hast du uns verlassen?‹ hab' ich gemurmelt ...«
»Ich«, murmelt der alte Mann, »Ich – hab' auch Angst ... Angst vor dem Sterben ... Angst vor dem Tod ... Bald ist es soweit ...«
»Ich kann dich verstehen«, sagt Thomas. »Solche Angst hab' ich auch gehabt. Todesangst! Aber«, fährt Thomas fort, »stell dir vor, Vater: In dieser schrecklichen Lage, in der wir waren ... jeden Augenblick konnte das Boot umschlagen ... der Tod stand uns vor Augen ... da – da schlief Jesus! Er schlief tief und fest, wie ein Kind auf den Armen seiner Mutter. Er schlief! Stell dir das vor! Dabei war er doch der einzige, der – wenn überhaupt – uns jetzt retten konnte ... Er, der Messias, den Gott uns gesandt hat!«
»Ist – er das denn?« fragt Absalom leise.
Thomas nickt. »Ja, Vater. Das glaube ich schon lange – und jetzt, nach diesem Erlebnis erst recht. Paß auf, was geschah: Wir in unserer Todesnot stürzen zu Jesus, oder vielmehr: Johannes war es, der ihn rüttelte und ihm zuschrie: ›Herr, hilf uns, wir verderben! Wach doch auf und tu was, sonst ertrinken wir!‹ – Jesus erwachte und richtete sich auf. Er war ganz ruhig. Er sah auch nicht auf die Wellen, sondern guckte uns nur alle der Reihe nach an, kopfschüttelnd, ein bißchen vorwurfsvoll, ja beinahe ärgerlich. Wir – klammerten uns an der Bordwand fest, hielten uns an den Sitzbrettern und – schauten auf ihn. Was würde er tun? Irgendwas *mußte* er doch tun! – Und dann schrie er uns zu – wegen des Sturms konnte er nur schreien: ›Ihr habt einen sehr kleinen Glauben, ihr! Warum denn solche Angst? Ich bin doch bei euch!‹ –

Seltsam – plötzlich hatten wir nicht mehr solche Angst. Wir schauten auf ihn – und nicht mehr auf das tobende Meer und die hereinklatschenden Wellen, auf unser schrägstehendes Schiffchen und die zerfetzten Segel ... Wir schauten auf ihn ... und die Angst wurde klein. Irgendwie kam uns Vertrauen ... ›Jesus ist bei uns!‹ dachte ich immer wieder. ›Geschehe was will – Jesus ist bei uns ... Er ist der Herr!‹«

»Jesus ist bei uns – geschehe was will ...«, wiederholt Absalom murmelnd.

»Was sagst du, Vater?« fragt Thomas.

»Ich hab' gesagt: ›Jesus ist bei uns – geschehe was will‹ ... So hast du doch gedacht. Glaubst du das wirklich?«

»Ja«, sagt Thomas, »das glaub' ich. Vor allem nach dem, was dann geschah ...«

»Und was geschah?« fragt der alte Mann.

»Nachdem uns Jesus so angesprochen hatte«, fährt Thomas fort, »stand er auf. Er wandte sich dem Wasser und dem Sturm zu und machte eine Handbewegung, so wie du es manchmal getan hast, wenn ich den Mund halten sollte. Und der Sturm kam zum Erliegen. Die Wellen legten sich. Es wurde still. Das Boot fuhr ruhig dahin. – Und auch wir saßen wie erstarrt. Keiner sagte ein Wort. Jesus legte sich wieder schlafen. – Später griffen wir zu den Rudern, und Andreas setzte sich ans Steuer. Langsam fuhren wir aufs Land zu.«

Hoffnung

Thomas schweigt. Dann sagt der alte Mann: »Was ist das bloß für ein Mann, daß ihm Wind und Wellen gehorsam sind?!«

»Ja«, sagt Thomas, »das haben wir alle wohl auch gedacht, als er uns vor dem sicheren Tod errettet hat: Was ist das für ein Mann, daß *ihm* Wind und Wellen gehorchen?! Und jetzt bin ich mir ganz gewiß: Er *ist* der Messias, den Gott zu senden uns versprochen hat, ja mehr noch. Er ist der Herr, der uns im Leben und im Tod in Händen hält; denn er hat *alles* in der Hand, mehr noch als Wind und Wellen, versteht du, Vater?«

Der alte Mann nickt. »Es hätte – aber auch anders ausgehen können«, sagt er.

»Gewiß«, sagt Thomas. »Wir hätten auch sterben können. Aber auch dann gilt: Er ist der Herr, der uns im Leben und im Tod in Händen hält – uns und alle Menschen!«

»Danke, Sohn!« sagt Absalom. »Du hast mir etwas sehr Gutes gesagt. Wenn ich auch Jesus nie gesehen habe und nie sehen werde: Ich will ihm vertrauen ... Jetzt, wo es mit mir zu Ende geht ...«

»Und«, fügt er hinzu und lächelt, »mach dir um mein Begräbnis keine Sorgen. Das wird sich schon finden. Wenn Jesus dich braucht, dann geh mit ihm und sag die gute Botschaft. Es ist wichtig, daß viele – so wie ich – Vertrauen zu ihm fassen – zu dem Mann, dem Wind und Wellen gehorsam sind. Er ist der Herr ...!«

Autorenverzeichnis

Daiber Karl, Dekan
Talstraße 21
7024 Filderstadt-Bernhausen

Dieterich, Eberhard, Pfarrer
Adolf-Kröner-Straße 16
7000 Stuttgart 1

Drews, Hermann, Pfarrer Dr.
Windmühlenstraße 43 A
3100 Celle

Glatzle, Ulrich, Pfarrer
Pfarrhausstraße 5
7000 Stuttgart 80

Gohl, Ulrich, Pfarrer
Brunnenstraße 2
7406 Mössingen

Hermann, Christoph, Pfarrer
Löwenstraße 92
7000 Stuttgart 70

Kiefer, Gerhard, Referent
Eulerstraße 5
7000 Stuttgart 80

Klaus, Gisela
Stettener Straße 3
7189 Frankenhardt 1

Koerver, Jürgen, Pfarrer
Clarenbachweg 2
4010 Hilden

Körtje, Hartwig, Pfarrer
Ludwig-Roselius-Allee 95
2800 Bremen 41

Kraft, Gerhard, Pfarrer
Glaffenäcker 17
7214 Zimmern-Flözlingen

Lange, Eckhard, Pfarrer
Dänischburger Landstraße 29
2400 Lübeck 14

Manfroid, Ulla, Gemeindediakonin
Gustav-Werner-Straße 8
7030 Böblingen

Mast, Helga, Schwester
Oberndorfer Straße 23
7242 Dornhan-Marschalkenzimmern

Mohr, Gottfried, Pfarrer
Hauptstraße 12
7156 Wüstenrot

Platzöder, Marliese, Pfarrerin
Elisabethenstraße 51
6100 Darmstadt

Schmidt-Brücken, Albrecht, Pfarrer
Kirchgasse 10
7061 Nufringen

Stolzmann, Klaus, Pfarrer
Meterstraße 29
3000 Hannover 1

Weidle, Andreas, Pfarrer
Kirchstraße 8
7066 Baltmannsweiler